★军事职业教育阅读指导丛书

周建彩 总主编

中国军事
经典导读

李 德◎主编

朝华出版社
BLOSSOM PRESS

图书在版编目（CIP）数据

中国军事经典导读 / 李德主编 . -- 北京： 朝华出版社，2023.3

（军事职业教育阅读指导丛书 / 周建彩总主编）

ISBN 978-7-5054-4603-8

Ⅰ . ①中… Ⅱ . ①李… Ⅲ . ①军事—推荐书目—中国 Ⅳ . ① Z835

中国版本图书馆 CIP 数据核字（2022）第 011076 号

中国军事经典导读

主　　编　李　德

选题策划　张汉东
责任编辑　刘小磊
特约编辑　张北鱼　韩丽群　廖钟敏
责任印制　陆竞赢　崔　航
装帧设计　杜　帅

出版发行　朝华出版社
社　　址　北京市西城区百万庄大街 24 号　　　　邮政编码　100037
出版合作　（010）68995532
订购电话　（010）68996050　68996522
传　　真　（010）88415258（发行部）
联系版权　zhbq@cipg.org.cn
网　　址　http：//zhcb.cipg.org.cn
印　　刷　天津市光明印务有限公司
经　　销　全国新华书店
开　　本　710mm×1000mm　1/16　　　　字　　数 227 千字
印　　张　10
版　　次　2023 年 3 月第 1 版　　2023 年 3 月第 1 次印刷
装　　别　平
书　　号　ISBN 978-7-5054-4603-8
定　　价　50.00 元

强军兴军，要在得人。推动军事人才现代化、培养堪当强军重任的人才，基础在教育，关键靠学习。纵观古今中外的战争史，有战斗力的常胜之师都是通过不断学习能始终站在军事科技发展前沿、保持旺盛创新能力、体现先进文化的军队。当前，新一轮科技革命和军事变革正在孕育兴起，战争形态和作战样式加速演变，只有重视学习、善于学习、不断学习，才能跟上时代发展步伐，锻造出一支威武之师、文明之师、胜利之师。开展军事职业教育，就是要通过构建官兵时时学、处处学、人人学、终身学的向学求知格局，引导官兵通过学习提升职业素养，涵养职业精神，塑造学习型军人，打造学习型军队，为强国强军提供强有力的人才支撑。

军事职业教育的内容很丰富、途径也很多，军事职业阅读在其中具有基础性地位。广泛的军事职业阅读可以充实官兵的知识储备，丰富官兵的知识结构，优化官兵的思维方式，提高军事职业素养和岗位任职能力，为提升领导力、战斗力奠定坚实基础。同时，广泛的军事职业阅读，还可以帮助官兵养成良好的阅读习惯，促进学习力、思想力和文化素养的提升。

世界强国军队都很重视军事职业阅读。美、俄、英等国军队早在二十多年前，就启动实施了职业阅读项目，官方针对形势变化和军事职业发展需求，定期编制发布推荐书目，引导军事人员依据推荐书目开展在岗学习、终身阅读。例如，美军的推荐阅读书目由最高军事机关统一规划、部署，各军兵种最高军事长官发布，供本系统的军事人员阅读。

2017 年 8 月，中央军委印发《军事职业教育改革实施方案》，拉开了新时

代中国特色军事职业教育的序幕。大力发展军事职业教育，是党的意志、时代的号角，也是强军的召唤、胜战的需要，更是实现党在新时代的强军目标、全面建成世界一流军队的战略性基础性长远性工程。当然，我军军事职业教育刚刚起步，军事职业阅读仍处于探索阶段。尤其是面对浩如烟海的文献，如何帮助官兵紧贴军事职业岗位需求，弄清楚要读什么、怎么读、如何高效能阅读，是深化军事职业教育的一个现实问题。基于此，我们组织编写了这套"军事职业教育阅读指导丛书"，希望在阅读内容和阅读方法上能为广大官兵的职业阅读提供一些借鉴和指导。

本丛书第一辑包含六本书。《中国文化经典导读》《中国军事经典导读》《西方军事经典导读》和《中外军事影视经典导读》是从内容上对各领域最有代表性的经典作品进行阅读介绍，旨在引导官兵通过经典阅读，增强军事文化自信和自觉，为全面提升整体军事文化素养和职业素养打下良好基础；《军队院校图书馆阅读推广》《军校阅读推广平台体系建设》主要探讨军校图书馆如何科学有效地推进阅读、营造良好的阅读氛围，同时也对官兵个人阅读提供具体的技术指导。

出版这套丛书是我们在推进军事职业阅读方面的初步尝试，受能力水平所限，错误疏漏难免，恳请读者批评指正。

刘占峰

2021 年 1 月

何为经典

何为经典？《现代汉语词典（第7版）》将其解释为"传统的具有权威性的著作"。赫钦斯（Robert Maynard Hutchins）说："经典著作乃是每个时代都具有的当代性的书籍。"经典著作凭借自身拥有的思想力量，成为人们学习和研究必须依靠的基本典籍。

军事经典著作是所有经典著作中的一道亮丽的风景线。军事经典著作是人类的宝贵精神遗产，其经过战火的洗礼穿透历史的烟云而散发出夺目光辉。许多优秀的军事指挥员正是从军事经典著作中汲取了丰富的营养，才在历史的舞台上导演了一幕幕威武雄壮、精彩绝伦的活剧来，而许多指挥员也最终在军事典籍的指引下成为军事家、战略家，并留下了脍炙人口的军事名著。经典之所以成为经典是因为它具有很强的内在超越性，无论是思想内容，还是实践指导都具有与一般著作所不同的深度和广度，正是这种独具魅力的、宏大的深度和广度，使它本身超越历史、文化、区域的筛选和沉淀，而永远保持打动人心的独特魅力，并被一代代流传，一代代继承，日益深入人心，最终成为经典。

经典的经典性首先体现在内容上，无论什么类型的经典作品，它所关注的绝不仅是一时一世的是非得失与人情世故，它是从所涉及的内容中折射出关于整个人类、社会、自然的本质的东西。它是对生命、社会、自然的根本性观察、了解和智慧总结。不管是什么经典关注的永远是人类社会永恒的价值和主题，并且这些价值和主题是历代延续、古今相通的。经典意味着它表达的永远比任何规则、标准、解释、说明、定义、总结所给你的更多，它的深刻隽永让每一次阅读都成为一次发现的航行。

经典的经典性还在于它提供给读者的是一种久经检验的大智慧。它传递的不是普通的知识或信息，而是一种巨大的源源不断的精神能量。它能不断得到适合时代社会发展的建设性阐发、拓展，为当下的人们提供恰当的精神财富和思想营养。理论家马丁说："经典永远通过重新解释而获得更新，这样它们就既能有助于我们与过去保持联系，同时又能调整自己以适应当代关注的问题。"[①] 随着时代的发展，经典的内涵得到新的增加，但其所蕴含的精神能量和智慧却使我们在已差不多忘记或完全忘记我们年轻时所读的那本书时，在我们面临困惑、困境、困难时，却重新发现那部经典已构成我们内部机制中存在的恒定事物，尽管我们已回忆不起它们从哪里来。从某种意义上说，经典就是它本身可能会被忘记，却把种子留在我们身上的书。

经典的经典性还在于其广泛的影响力。"经典"可以泛指所有最重要的、有指导作用的权威著作。经典之所以权威就在于它的影响力。这种影响力超越时空、语言和种族，具有广泛的世界影响力，所谓民族的也是世界的就是这种影响力。一部作品要成为经典，需要时间来使自己被选择，被解释，被修订，被推崇，被保存，被普及，才能成就其权威性，然后它才可以被参照，可以引以为证，可以以它的名义进行判断或实施行动。

军事经典著作同样是经典，同样需要关注内容的价值性、历史的永恒性和影响的权威性。中国军事典籍浩如烟海，其中经典之作更是层出不穷。从先秦到清朝灭亡，仅有记载和流传下来的兵书就有 3227 部，23470 卷（据《中国兵书知见录》统计），如果从军事著作萌芽的商代算起，至少有 3000 年之久。古代兵书内容丰富，古代军事上所有的问题都可以在其中找到答案，其包含丰富的哲学、政治、经济、科技、管理、武器、城防、地理等内容，让人望

---

① 卢文荟.《看待经典的现代观念》,《语文教学与研究》.2003:（9）: 7.

书兴叹。如何对浩如烟海的典籍进行快速的了解，择其精要而读，如何让读者在军事经典的历史长河中"任凭弱水三千，我只取一瓢饮"，就成为传承经典、有效阅读的现实需求。正是为了便于读者迅速了解和掌握中华民族在军事文明方面所创造的灿烂文化和辉煌成就，大兴学习之风，研战知战，破解"不战之困"，领悟战争智慧，从经典军事理论中学习战争规律，我们选择历史上口口相传、历来推崇和影响深远的著作择要进行介绍，以飨读者。这也是我们编纂这本导读的初衷。

绵亘不断的战争实践，积累了丰富的战争经验，孕育了丰富的军事理论遗产。中国兵书卷帙之浩繁，内容之广泛，思想之深刻，影响之深远，在世界军事思想史上是绝无仅有的。由于中国古代各种战争从来没有间断过，军事问题渗透人们的政治、经济、文化等各个方面，因此，论及军事问题和记载军事内容的就不仅仅是兵书，在浩如烟海的各种古代典籍中，也保留着许多军事方面的资料，如《老子》《墨子》《管子》等。这使得我们的分类和选择变得十分困难。

尽管如此，我们还是依据时间的历史坐标，按照内容的价值性、历史的永恒性和影响的权威性三个标准，选择了12部军事经典之作，这12部作品虽然不能囊括所有的经典，或许有人对于其经典性可能还会有不同看法，但从历代兵书的目录交集和影响及畅销程度来看，这12部作品还是经得起实践的检验的。

当今世界，日新月异，经济飞速发展，科技突飞猛进，面对新军事变革的要求，我军要能打胜仗，必须加强军事理论的学习，着力解决"两个能力不够""三个能不能"和"五个不会"的问题，从军事经典当中汲取智慧，从军事经典当中学习战争。

第一，学习中国军事经典，可以有效解决战争和作战理论研究不深、战略思维不足的问题。毛泽东指出："一切带原则性的军事规律，或军事理论，都是前人或今人做的关于过去战争经验的总结。这些过去的战争所留给我们的血的教训，应该着重地学习它。这是一件事。然而还有一件事，即是从自己经验中考证这些结论，吸收那些用得着的东西，拒绝那些用不着的东西，增加那些自己所特有的东西。这后一件事是十分重要的，不这样做，我们就不能指导战争。"①中国人在漫长而惨烈的战争实践中，在军事领域淬生了许多经典著作。从兵学圣典《孙子兵法》到《超限战》，从李耳的《老子》到蔡锷的《曾胡治兵语录》，从孙武、孙膑的军事论著到毛泽东的《中国革命战争的战略问题》《论持久战》，等等。这些璀璨的经典军事论著是人类军事文化的重要遗产，也是当前大兴学习之风，研战知战，全面提高新时代备战打仗能力的重要方面。

第二，学习中国军事经典，可以有效破解"不战之困"。战争实践是军事理论的沃土。没有战争，如何总结战争的规律？长期处于相对和平的环境，军事学术又怎样创新发展？这就是所谓军事理论的"不战之困"。恩格斯曾指出："长久的和平时期兵器由于工业的发展改进了多少，作战方法就落后了多少。"②可见，战争理论是成长于战争经验土壤里的果实。缺少实际战争经验这盆活水的浇灌，军事学术之花就会枯萎凋零。而人们不会也不应该为追求军事科学的发展创新而主动发动战争。因而，提高军事理论素养的重要途径，除了借鉴外军的经验，就是学习前人的经典军事理论，以及其赖以建立的战史战例。克劳塞维茨提出："历史中的战例可以说明一切问题，在经验科学中，它是最有说服力的。特别在军事领域中更是这样。"光辉的战例是最好的学校。他的《战争论》，就是在详尽研究了130多个战例的基础上写就的。当前，我军已许多年未打仗，破解军事理论创新的"不战之困"，不从经典军事理论和战史战例中汲取思想的营养，就无法激发创新的思想火花。

第三，学习中国军事经典，可以从经典军事理论中学习战争规律。规律，即事物之间内在的本质联系。这种联系不断重复出现，在一定条件下经常起作用，决定着事物的发展趋向。战争作为一种社会历史现象，是客观物质运动的形式之一。它像自然界和其他社会活动的领域一样，也是有规律可循的。毛泽东指出，"战争不是神物，仍是世间的一种必然运动，……知其大略，知其要点，是可能的"。产生于2500多年前的《孙子兵法》，一个显著的特点是

---

① 《毛泽东选集》，第一卷，北京：人民出版社，1991年版，第181页。
② 《马克思恩格斯全集》，第十卷，北京：人民出版社，1962年版，第573页。

"舍事言理"。它不像同时期的西方兵学，只是记录战争过程和将领言论，而是由感性认识上升到理性思考，从一个个具体的战斗中提炼出基本的谋略思想和作战原则，诸如"全胜为上"的善战思想、"知彼知己"的智战思想、"避实击虚"的巧战思想、"攻心夺气"的心理战思想，以及"智信仁勇严"的为将之道，等等。这些带有普遍规律性的战道哲理穿越千年。

第四，学习中国军事经典，可以从经典军事理论中领悟战争智慧。智慧，是人们辨别判断、发明创造的能力。战争有别于其他社会现象，是你死我活、充满着激烈对抗的领域，因而更需要迅速判断、不拘常理的智慧谋略和认识方法。《孙子兵法》明确指出，"兵者，诡道也"，"以正合，以奇胜"，可谓一语道破用兵真谛。在古今中外兵家驰骋的战争舞台上，有许多充满奇思妙计、让人拍案称奇的经典战例，如"围魏救赵""孙膑减灶""四面楚歌""草船借箭"……其蕴含的非凡智慧，千百年来影响和启迪了一代又一代的军事家，并超越了军事领域，被运用到经济等其他竞争领域，成为共通的制胜妙道。马列军事理论和毛泽东军事思想，为人民军队提供了研究和指导战争的锐利思想武器。马列军事理论最重要的，是把辩证唯物主义和历史唯物主义运用于军事领域，从而为军事科学提供了科学的方法论和锐利的"解剖刀"，使人们看到了战争这个怪物的真实面目，看清了它与政治、经济、文化等社会诸因素的本质联系，明晰了战争起源、战争本质、战争性质、战争胜负的因素等一系列根本问题，从而在军事思想史上实现了划时代的伟大变革。时过境迁，经典军事著作当中的若干具体结论，可能丧失其现实指导性，但贯穿其中的立场观点方法，则具有稳定性和长远的指导意义。

第五，学习中国军事经典，可以从中国古代地理典籍中的兵要地志获取攻防守战的经验依据。历史有着惊人的相似之处。岁月更迭，尽管兵要地志记载的战争，已同刀枪剑戟等冷兵器一样成为遥远的往昔，然而，千百年来，地理环境却几乎没有多大变化，古人在兵要地志中对地理形势的分析记述虽受当时条件的限制，但一些精到的见解，至今仍值得我们借鉴。明清之际顾祖禹的《读史方舆纪要》虽是一部规模浩大的地理著作，同时也是一部有参

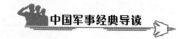
考价值和实用意义的兵要地志文献。它详载中国地域形势、山川险易，以及古今战守、攻取得失等事，且有精当议论，向来为兵家所重视。毛泽东在求学期间就曾对此做过精心研读，并于1926年5月在广州第六届农民运动讲习所中专设了"地理"的课程。毛泽东还将其丰富的军事地理知识运用于指导中国革命战争的实践。他在第一次国内革命战争时期，选择位于湘赣边界的罗霄山脉中段，实行工农武装割据。抗日战争伊始，又以八路军的三个师分别控制吕梁、五台、太行诸山脉，开展游击战争。其中太行山位于晋冀豫三界边界，高山连绵，地势险要，被《读史方舆纪要》引称为"天下脊"和"南北之喉隘"，实为华北的战略要地。解放战争初期，我军由此挺进大别山，逐鹿中原，赢得战争主动权，也证明了太行山战略地位之重要。在解放战争中，毛泽东命令东北野战军首战北宁线，打下锦州，封闭国民党军于东北境内，实施"关门打狗"，以及选择喜峰口作为东北野战军入关作战的行军路线等，都证明兵要地志的重要性。

曾经，这些经典军事著作是每个军人争相阅读的畅销读物，其中的英雄人物成为数代人耳熟能详和崇拜的偶像，其中的战略思想被不断地体验和印证。随着社会的发展和时代的变迁，无论是军事经典阅读数量还是阅读深度，都在随着和平的到来而逐步降低。然而，历史不应该被遗忘，战争更不应该被忘却。中国军事经典承载着历代军人的军事记忆和情感寄托，它展现了先辈的军事智慧以及孕育其中的规律性认知和启示。它形成于战火，熔铸于实践，指导着未来，作为新时代的革命军人，我们应该了解这些军事经典，阅读这些军事经典，只有了解曾经的烽火硝烟和峥嵘岁月，体悟军事经典的现代价值，感受先辈的军事思想和战争谋略，才能继承和发扬前人的斗争经验和战争哲学，直面今天的现实战争。

当然，中国军事经典不可避免地带有时代的色彩和历史的局限，我们应该看到，任何战争、军事理论都有其历史阶段性，经典也不例外。任何经典的军事著作，只是反映了战争宽广领域和历史流程中的某个部分或片段，只能在一定程度、一定层次上反映战争规律，而无法摆脱人的认识和具体作战时间、地点、对象、形态等诸多因素的制约。在激烈复杂的战争中，虽有一定的规律可循，但绝无永存的制胜之道。战争从来都不是历史的重演，盲目地照搬照套，死读书，只能是"纸上谈兵"，误人误己。因此，在阅读军事经典时，既要善取他山之石以攻玉，又要"师其意，而不泥其迹""注其神，而不慕其表"，切忌生搬硬套。

俗话说："书是无言的老师。"新时代，我们要担负起民族复兴的历史重任，要"能打胜仗"，必须从经典军事著作中汲取营养，感悟带兵打仗的谋略思想。三国时吕蒙受孙权之命，苦读兵书，遂成智勇双全的名将；宋代范仲淹一句"将不知古今，匹夫勇尔"警醒狄青，使其终成宋代通晓兵阵战法的名将。中国军事经典都是历代战争经验的总结和智慧结晶，只要用心去读，感悟其中的精要，就会源源不断地从中汲取营养，从而提升打赢本领，厚实报国之志，激发尚武精神，以更加强烈的责任感、使命感投身强军兴军伟业，履行好当代革命军人的历史使命。

第十二讲 《战斗精神论》/ 133

第一讲

《孙子兵法》

第一节 《孙子兵法》背景介绍

一、作者生平简介

孙武，字长卿，齐国人，生卒年月不详。但据史籍推算，大致生活于春秋末期。孙武出身军事世家，家世显赫，当时卿大夫集团之间斗争异常残酷，大家为了争夺土地、赋税、人口和财富，彼此争斗、相互兼并，战乱频繁、动荡不安。为了避免成为卿大夫集团斗争的牺牲品，孙武举家迁往吴国，隐居于吴都姑苏（今江苏苏州）城外，一边耕织养家，一边潜心研究兵法。当时的孙武虽然年轻，但是军事世家的耳濡目染、齐国军事

图 1-1 孙武

文化的熏陶，使得他对战争有着异于常人的深刻分析和思考。数年的深居简出，

---

* 本讲中所涉《孙子兵法》的原文，皆以 2006 年中华书局出版的《孙子兵法·孙膑兵法》为准。

让孙武研读各类兵书，博采众家之长，融入独到见解，终成兵法十三篇，并在伍子胥的引荐下为吴王所重用。

吴国在孙武为将时，军事力量迅速发展，疆域不断拓宽，并在黄池会盟中取代了晋国的盟主地位。可见，孙武不仅在军事理论上成就显赫，而且在军事实践中也战功非凡，不愧为我国历史上最著名的大军事家。

二、创作背景简介

孙武两千多年来一直为人们所景仰，被誉为"兵圣"，其所作《孙子兵法》言简意赅、思想深刻，是中国乃至世界军事著作中的佼佼者。《孙子兵法》的产生不是无源之水、无本之木，它与作者独特的人生阅历、特殊的社会历史环境，以及丰富的兵学思想的发展，都有很大关联。

（一）军事世家的熏陶

孙武所出身的田氏家族，是当时齐国新兴地主阶级政治代表，也是一个有着兵学渊源的军事世家。孙武的祖父名田书，在齐景公时期官至大夫，后因讨伐莒国立下战功，被齐景公赐姓齐国"四大姓"之一的孙氏。孙武的父亲孙凭也在齐景公朝中为官，并且贵为卿。这种家庭环境从孙武的取名上就可见一斑，一个"武"字，凸显出浓厚的军事色彩。这样的优越条件使他自幼受到良好的军事文化熏陶，为以后的战争实践和军事理论建树打下了坚实的基础。

（二）战乱纷争的磨砺

春秋后期是我国奴隶社会向封建社会转变的大动荡时代。这个动荡时代的阶级斗争异常尖锐激烈，表现为频繁的兼并战争，其中既有被压迫者对压迫者的战争，也有新兴地主势力对奴隶主的军事政变，还有大领主（即诸侯国）之间相互兼并争霸的战争。司马迁在《史记·太史公自序》中写道："春秋之中，弑君三十六，亡国五十二，诸侯奔走不得保其社稷者不可胜数。"在这样动荡战乱的严酷环境中，军事斗争自然就成了各诸侯国维持统治或进行争霸的重要手段。频繁的战争迫切地要求发展军事理论，战争的实践又为新的军事理论的建立提供了客观条件。孙武的军事思想正是在这样的基础上发展起来的。

（三）对各个思想流派的借鉴

兵家在先秦诸子百家中是一个颇具特色的流派，其显著的特色是既有自己一以贯之的基本思想，又善于博采众家之长，既不偏也不杂。

先秦诸子中有德治与法治之争。儒家主张德治，反对法治。法家偏重法治，忽视德治。兵家则比较好地解决了这个问题。孙武既讲究智、信、仁、勇、严等将德，同时也十分看重法令和赏罚的作用。

先秦诸子中有王霸之争。所谓"王"即王道，主张用道德教化平定天下；所谓"霸"即霸道，主张用武力平定天下。王道崇德而贱力，霸道则崇力而轻德。孙武则明确指出："兵者，诡道也。"用兵打仗就是要诡诈多变，的确没有什么仁爱信义可言。同时，他又认为决定战争胜负的五个基本要素（道、天、地、将、法）中，"令民与上同意"的"道"又居于首位。由此完成了德与力的辩证统一。

先秦诸子中还有义利之争。儒家，特别是孟子，重义轻利，法家则重利非义，墨家认为天下国家人民之利就是义。兵家是重利的，但兵家的重利与法家又有区别。法家所重的利是私利，特别是专制君主的私利。而孙子所讲之利，更多强调的是"合于利而动，不合于利而止"的一种冷静客观分析，是"退不避罪，唯民是保，而利于主"的状态，他强调的是将帅要敢于排除各种干扰，撇开个人利害的计较，完全按客观规律作战。

第二节 《孙子兵法》内容介绍

《孙子兵法》总结了春秋及此前的战争经验，是一部极具历史价值的古代军事理论著作，在我国和世界军事理论史上都占有重要的地位，一向被尊为"兵经"和"武经"。我国历代的军事家虽然也有不少兵法著作，但都不如《孙子兵法》系统全面。《孙子兵法》不仅是一部军事战略学著作，还是一部

高深的战争哲学著作，其中属于战争共性的东西，直至今日仍然可以为我们所用。当然，由于历史和阶级的局限性，《孙子兵法》有许多内容是唯心的、形而上学的，或者带有剥削阶级色彩的，我们必须运用扬弃的科学态度进行研究。

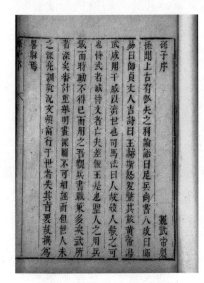

图1-2　明刻本《孙子兵法》

《孙子兵法》共十三篇，六千余字，十三篇之间既独立成篇，又互相照应，构成一个完整的兵学体系。按照所述内容，可分为两部分：一部分论述宏观战略，另一部分阐释微观战术。宏观战略部分，大体包括《计篇》《作战篇》《谋攻篇》和《形篇》前四篇。在这四篇中，孙武较深刻地论述了"五事七计"等战争制胜因素，强调了"庙算"的重要性；阐明了战争与政治、经济、外交、天文、地理等诸多因素的关系；提出了重战、慎战、利战的全胜主张；提出了"不战而屈人之兵"的战争最高境界。微观战术部分，大体包括《势》《虚实》《军争》《九变》《行军》《地形》《九地》《火攻》《用间》剩余九篇。这些篇章着重阐述战争实施的具体原则和方法，比如将帅如何进行兵力部署以形成必胜态势；如何根据不同的敌情、我情、天气、地形和其他条件，灵活用兵；如何正确判断敌情、避实击虚；如何在各种地形条件下进行战术运用；如何使用间谍、火攻，等等。下面就每个篇章的主要思想做阅读指导。

第三节　《孙子兵法》阅读指导

一、计篇

本篇是《孙子兵法》的总纲。孙武所写之"计"，即指谋划、运筹、分析研究。《计篇》作为十三篇之首,体现了孙武对于未战之时的重视。孙武认为:"夫未战而庙算胜者,得算多也;未战而庙算不胜者,得算少也。"那么作为运筹帷幄的战争决策者,应该进行哪些谋划和准备,又如何能够在未战之时就成竹在胸呢?孙武在《计篇》中总结了如下几点:

(一)"兵者,国之大事"

《计篇》开篇之语便是"兵者,国之大事,死生之地,存亡之道,不可不察也",充分显示了作者对待战争的审慎态度。

(二)"五事""七计"

要想在未战之时预判战争胜负,可以通过"五事""七计"加以考察。"五事"即"一曰道,二曰天,三曰地,四曰将,五曰法",这五大要素就是决定战争胜负的关键因素。"道"的重点是"令民与上同意也",也就是说,要使人民与君主同心同德;"天"指天时,比如"阴阳、寒暑、时制也",即用兵时的昼夜晴雨、严寒酷暑、季节交替等天气和气候状况;"地"指地利,包括"远近、险易、广狭、死生也",即用兵打仗的距离、地势等地理问题;"将"即将帅,主要考察是否具备"智、信、仁、勇、严"的品格;"法"不仅仅是狭义的法制,还包括了"曲制、官道、主用"等因素,即军队的组织编制、军事训练、管理教育、武器装备等综合因素。将以上"五事"进行细化并加以考察,就是"七计",即"主孰有道?将孰有能?天地孰得?法令孰行?兵众孰强?士卒孰练?赏罚孰明?"。将以上七个方面考察比较清楚,就可以"以此知胜负矣"。

(三)诡道"十二术"

诡道"十二术"是指用兵打仗必须掌握的原则和战术。这个原则就是"兵者,诡道也"。用兵打仗必须行"诡道",采取灵活机动、诡诈多变的方法去迷惑敌人、增加胜算。为此,孙武列举出"十二术",包括"能而示之不能,用而示之不用,近而示之远,远而示之近。利而诱之,乱而取之,实而备之,强而避之,怒而挠之,卑而骄之,佚而劳之,亲而离之"。最后"攻其无备,出其不意",取得胜利。

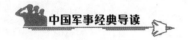

（四）"多算胜，少算不胜"

孙武特别强调用兵前周密谋划对战争胜负的决定作用，"夫未战而庙算胜者，得算多也；未战而庙算不胜者，得算少也"。

二、作战篇

本篇的"作战"与我们今天所讲的作战含义不同，古时"作"有始之意，作战即战斗准备的意思。因此，本篇主要从经济与战争的关系出发，揭示了兵马未动，粮草先行的用兵规律，剖析了战争对社会生产和民众生活的严重影响，提出了"兵贵胜，不贵久"的速战速决思想和"因粮于敌"等补给原则。

（一）物质条件是战争的先决条件

孙武以动用十万之师为例，具体分析了用兵打仗对人力、物力、财力的消耗。在战前准备阶段，从士兵的招募、训练，到武器、装备的制造准备；从内政、外交的开支，到后勤保障的费用，每天都要耗费巨大的资金。战争进行中，武器装备的维修、补充，粮草及其他战争物资的远程运输，更是需要大量资金，可以说是"日费千金"。如果没有强大的经济实力，就无法支撑战争的继续。

（二）"兵贵胜，而不贵久"

孙子说："胜久则钝兵挫锐，攻城则力屈，久暴师则国用不足。夫钝兵，挫锐、屈力、殚货，则诸侯乘其弊而起，虽有智者，不能善其后矣！故兵闻拙速，未睹巧之久也。"旷日持久的战事会使军队疲惫、士气低落、财力不济，容易被其他诸侯国乘虚而入。

（三）"取用于国，因粮于敌"

正因为战争需要消耗巨大的财富，所以必须想办法从敌国就地解决粮食供应和军需补充的问题，从而"以战养战"，最大限度地降低本国财力的损耗。另外，对待被俘的敌军士卒，也要善待他们并给予充分的供养，最终使这些人为我所用。

三、谋攻篇

谋攻，即以谋略攻击敌人。孙武认为，以强力取胜，即便战胜敌人，自己也难免付出巨大的代价；而以谋取胜，既可制胜，又能保全自己，才是战争的理想境界。此篇的中心思想就是用谋略克敌制胜，提出了"全胜论"原则，论述了实现全胜的具体计策。所谓"全"，是一种很高的境界和追求，它象征着完美、圆满，甚至是无可挑剔。此篇具有鲜明的东方兵学特色，揭示了战略战术原则的真谛，在全书中是极为重要的一篇。那么如何才能到达"全胜"的境界呢？

（一）"不战而屈人之兵，善之善者也"

孙武认为，"凡用兵之法，全国为上，破国次之；全军为上，破军次之；……全伍为上，破伍次之"。"全"是以智谋取，而"破"则是以力强攻。"破"虽然能打击敌人，但也会损伤自己。所以，孙武用一系列的比较，得出这样一个结论："百战百胜"并非最高追求，"不战而屈人之兵"才是最高境界。这种思想是孙武军事思想的核心要义，在中国乃至世界军事思想史上都具有独创性。

（二）"上兵伐谋"

正因为孙武以"全胜"作为最高战略目的，所以在作战手段的四种选择中，孙武是这样排序的："上兵伐谋，其次伐交，其次伐兵，其下攻城。""攻城"是一种不得已而为之的手段，是最差的选择，最佳选择还是兵不血刃的"伐谋"。

（三）"知彼知己，百战不殆"

孙武认为，在战争指挥问题上，国君万万不可在不了解军队的情况下瞎指挥，否则必然导致军队自乱而给敌人以可乘之机。作为将帅，则应该既了解敌方情况，又了解我方情况，唯有如此才能"百战不殆"。如果"不知彼，不知己，每战必殆"。

四、形篇

所谓"形"，通常有形态、表现等含义，指的是物质运动的外在表现和客观效果，以"形"为篇名，与中国古代的哲学思想密不可分。所谓"形"就是敌我双方军事实力的强弱、优劣等一切显著特征，也就是军队的战斗力量。而这种力量正是决定战争胜负的基础，这体现了孙武朴素的唯物主义观点。那么，如何利用敌我双方"形"的差异来取得胜利呢？

（一）"先为不可胜，以待敌之可胜"

这是全篇的中心思想。善于用兵的将帅总是尽力促成我方军事力量的绝对优势，"先为不可胜"，然后等待时机，抓住敌人的弱点和可能被战胜的机会，"以待敌之可胜"，发起攻击，获得胜利。

（二）善战者的标准

一曰"胜易胜者"，即掌握敌人实力中必败的方面，捕捉一举制敌的良机；二曰"战胜不忒"，即每战都不出差错。

（三）"修道而保法"

此处的"道"与"法"是指用兵打仗的普遍规律和基本法则，修道、保法就是要求将帅掌握决定战争胜负的主动权。

五、势篇

"势"，就是力量的趋向。本篇主要论述进行战争贵在任势。所谓"任势"就是在战场上创造和利用有利的态势，出奇制胜地打击敌人。"形"和"势"是紧密相连互为变化的。"势"是由"形"的变化而发生的可能趋势。

（一）掌握有效发挥军事力量的四个环节

这四个环节分别是"分数"（组织编制有序）、"形名"（指挥联络畅通）、"奇正"（战术变化灵活）、"虚实"（善于避实击虚）。

（二）"以正合，以奇胜"

"正"指一般的、正常的；"奇"指特殊的、变化的。"奇正"的作用就在于相互配合、彼此呼应，使敌莫测。

（三）择人而任势

"任势"就是按照"形之，敌必从之；予之，敌必取之"的一般规律，创造我方必胜的客观条件。"择人"就是针对不同的势、不同的任务，而选择不同的人。择人而任势的思想就是既重视客观物质条件，又重视人的能动作用。

六、虚实篇

"虚实"指军队的虚弱和坚实。本篇是上两篇《形篇》《势篇》中"任势""造势""用势""奇正"等军事思想的延伸和具体化。此篇尤其对如何"避实而击虚"这一问题进行了集中论述，提出了许多行之有效的了解虚实、转化虚实、运用虚实的具体作战方法。

（一）"致人而不致于人"

善于指挥作战的人，要设法调动敌人而不被敌人所调动，即争取主动、避免被动，这是指导战争的重要原则。

（二）"避实击虚"的基本方法

一是出奇制胜，找到敌方的"不趋（不设防之地）""不意（没有料到的时间地点）""不守（疏于防守的地区）""不及（追赶不上）"这几个"虚"，实现我方"行不劳""攻必取""守必固""退必速"的作战设想。二是转换虚实、以众击寡。设法变我之虚为实，变敌之实为虚。其最好的做法是"我专而敌分""以十攻其一"，即集中优势兵力，各个歼灭敌人。

（三）"兵无常势""因敌而制胜"的用兵规律

孙子认为，"故兵无常势，水无常形；能因敌变化而取胜，谓之神"。战

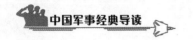

场情况是千变万化的，作战也不能墨守成规，只有根据敌情变化，采取相应对策，才能取得胜利。

七、军争篇

所谓"军争"，是指两军在战场上互相争夺制胜的条件。两军争利，得利则胜。本篇主要论述如何先敌争取制胜条件，掌握战场作战的主动权。

（一）"以迂为直，以患为利"的作战原则

军队的战斗行动要做到争取主动，关键就在于将帅能正确处理"迂"和"直"、"患"和"利"的辩证关系，把迂回弯曲的道路变成捷径，把不利因素转为有利因素。

（二）"军争为利，军争为危"的辩证关系

孙子认为军争有"利"和"害"两种情况。如果能够正确运用"迂直之计"，就能争取有利条件，否则，反受其害。

（三）军争的三条原则

一是要统一号令，"勇者不得独进，怯者不得独退"；二是要善于治气、治心、治力、治变，即挫伤敌人的士气、动摇敌人的决心；三是要掌握军争中的用兵八法，即"高陵勿向，背丘勿逆，佯北勿从，锐卒勿攻，饵兵勿食，归师勿遏，围师必阙，穷寇勿迫。"

八、九变篇

九者，数之极；变者，兵之用。本篇主要论述，为将者必须能根据情况随机应变，灵活用兵。否则虽知地形，不能得地之利；虽知五利，不能得人之用。

（一）通九变之利，知九变之术

指挥作战要随机应变，不能墨守成规，比如"涂有所不由，军有所不击，

城有所不攻，地有所不争，君命有所不受"。

（二）智者之虑，必杂于利害

只有权衡利害之轻重，既看到有利一面，又看到不利一面，才能趋利避害，做出正确的抉择。

（三）有备无患

对于敌人，"无恃其不来，恃吾有以待也；无恃其不攻，恃吾有所不可攻也"。就是说任何时候都要做好充分准备，使敌无机可乘，这是一种典型的积极备战的思想。

（四）忌之五危

孙武说，"将有五危"，即"必死""必生""忿速""廉洁""爱民"。死拼硬打、贪生活命、性情刚烈、廉洁好名、溺爱民众，都有可能导致"覆军杀将"。

九、行军篇

此处的"行军"有军队行动的意思。本篇主要论述在不同地形上行军、作战的原则和敌情判断的要领。

（一）处军原则

处军，即军队在不同地形上行动时应采取的方法。孙武着重列举了四种情形：山地、江河、盐碱沼泽地、平地。一般原则是："好高而恶下，贵阳而贱阴，养生而处实。"

（二）相敌方法

相敌，即观察判断敌情。孙武总结了三十二条经验，大致可分为两种情况：依自然景象之变异特征来观察判断敌情的有八条；依敌人战斗行动来观察判断敌情的有二十四条。

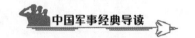

（三）"令文齐武"的治军原则

强调治军要文武并重，即用道理教育军队，用国纪军法统一行动。

十、地形篇

本篇主要分析了各种地形的特点及对作战行动的影响，强调将帅必须重视对地形的研究。

（一）地有六形

孙武把地形分为"通""挂""支""隘""险""远"六种，要求将帅认真考察研究。

（二）将有六败

孙武论述了军队由于将帅指挥失当而导致失败的六种情况，即"走""驰""陷""崩""乱""北"。并指出招致这些失败的原因"非天之灾"，而是"将之过也"。

（三）"夫地形者，兵之助也"

地形是"兵之助"，是将帅定下作战决心的一个重要依据。"料敌制胜，计险厄远近，上将之道也。"将帅的职责不仅是"料敌"，即判断敌情，还要"计险厄远近"，即判断地形。

十一、九地篇

"九地"即在九种不同作战地区的行动原则，此篇可以看作孙武关于战略地形的专论，主要告诫将帅在讨伐他国时要掌握九地之变、人情之理和决胜之法。

（一）九地之变

孙子把远征他国所经区域，根据地形、地理特点，分为散地、轻地、争地、交地、衢地、重地、圮地、围地、死地九种类型，强调要根据不同特点，采取不同的处置方法。

（二）人情之理

一是要利用士卒"不得已则斗"的心理状态，从而"投之亡地然后存，陷之死地然后生"；二是实行愚兵政策，"若驱群羊，驱而往，驱而来，莫知所之"，指挥士卒就像赶羊一样，只需赶而不让他们知道要去哪里。显然，这两种观点都反映了剥削阶级统御军队的权术，具有历史和阶级的局限性。

（三）决胜之法

孙子主张兵贵神速。他说："兵之情主速，乘人之不及，由不虞之道，攻其所不戒也。"这样就能达到使敌人"前后不相及，众寡不相恃，贵贱不相救，上下不相收，卒离而不集，兵合而不齐"的目的。

十二、火攻篇

"火攻"就是借火的力量辅助进攻。本篇主要论述了火攻的种类、实施条件和方法，主张火攻和兵攻相结合，同时着重阐述了"主不可以怒而兴师，将不可以愠而致战"的慎战思想。

（一）火攻之术

火攻方式有"火人、火积、火辎、火库、火队"五种。火攻条件有二：一是"行火必有因，烟火必素具"；二是"发火有时，起火有日"，这样才能加强火势，达到以火助攻的目的。

（二）慎战之道

孙子主张兴兵打仗要"合于利而动，不合于利而止"，要冷静客观。他告诫战争发动者和将帅们，"主不可以怒而兴师，将不可以愠而致战"。对待战争必须持审慎的态度，绝不可感情用事。

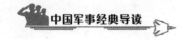

十三、用间篇

本篇专论战争中利用间谍来了解敌情的必要性和具体方法，这是中国古代兵法中系统论述间谍的最早名篇。

（一）间谍的种类

《孙子兵法》把间谍分为因间、内间、反间、死间、生间五种。

（二）用间之法

一是在选人上，"上智为间"，"非圣智不能用间，非仁义不能使间，非微妙不能得间之实"。间谍要有"圣智"，讲"仁义"，且手段"微妙"。

二是在间谍人员的使用上，要厚待而保密。情报人员是"人君之宝"，要给予优厚的待遇。"间事未发而先闻者，间与所告者皆死"。

三是"五间俱起，莫知其道"。各种类型的间谍同时使用，敌人就摸不清我方情报战线行动的规律，无法对付我方的情报攻势。

第四节 《孙子兵法》延伸阅读

一、名人论《孙子兵法》

1. "世俗所称师旅，皆道孙子十三篇。"——司马迁《史记》

2. "朕观诸兵书，无出孙武；孙武十三篇，无出虚实。"——唐·李世民

3. "孙子上谋而后攻，修道而保法，论将则曰智、信、仁、勇、严，与孔子合。"——明·谈恺

4. "吾独恨其不以七书与六经合二为一，以教天下万世也。"——明·李贽

二、《孙子兵法》与三十六计

生活中，经常会有人将《孙子兵法》与三十六计混淆，但其实三十六计并不在《孙子兵法》当中。"三十六计"，又称"三十六策"，语源早于成书，最早见于《南齐书·王敬则传》："檀公三十六策，走为上计，汝父子唯应急走耳。"此后"三十六计走为上"成为俗语。直至明清时期，才有人将三十六计编辑成书。三十六计具体为：瞒天过海、围魏救赵、借刀杀人、以逸待劳、趁火打劫、声东击西、无中生有、暗度陈仓、隔岸观火、笑里藏刀、李代桃僵、顺手牵羊、打草惊蛇、借尸还魂、调虎离山、欲擒故纵、抛砖引玉、擒贼擒王、釜底抽薪、浑水摸鱼、金蝉脱壳、关门捉贼、远交近攻、假道伐虢、偷梁换柱、指桑骂槐、假痴不癫、上屋抽梯、树上开花、反客为主、美人计、空城计、反间计、苦肉计、连环计、走为上。

第五节 《孙子兵法》战例运用

吴楚柏举之战被著名史学家范文澜称为"东周时期第一个大战争"，它由兵圣孙武亲自参与谋划和指挥，是中国古代战争史上以少胜多、以弱胜强的著名战例之一。作为一次规模宏大的战略性决战，经此一役，长期称雄的楚国遭受沉重打击，从此一蹶不振，吴国则大获全胜，为日渐强盛和争霸中原奠定了重要基础。春秋末期的战争格局也从此得以根本改变。柏举之战的发生绝非偶然，而是有着深刻的历史背景。春秋末期，齐、晋、楚等大国因为长期的争霸战争元气大伤，同时国内矛盾的不断激化也导致争霸势头大为减弱，中原出现了一个相对安定、和平的时期。但是伴随着吴国的逐渐崛起，弭兵会盟后，楚国开始将主要力量投入到对付吴国，吴国历代君主也清醒地认识到，要求存图强就必须与楚抗衡。由此吴、楚之间便开启了长达七十年的频繁交战。柏举之战便是其中决定两国兴衰的关键一战。

柏举之战绝非临急应战，其战略谋划经历了数年之久。其战略构想发端于伍子胥奔吴之初，但战略方案的具体制定则是在孙武见吴王之后。首先是根据双方实际状况，确定可行的战略方针。从兵力状况来看，当时吴、楚双方兵力悬殊，楚国坐拥大军二十万，而吴国只有四万。从地势状况来看，两国隔着大别山山脉，吴国入楚需要深入客地，劳师千里，困难极大。综合以上分析，吴国入楚作战断不能贸然行事，在战略方案的实施上，必须分两步走：第一步，采取疲楚策略，把吴军分为三部分，寻找战机轮番出动，彼出则归，彼归则出，使楚军穷于应付，疲于奔命，吴军则相机夺取两国间的战略要点，为进入楚国作战做准备。第二步，采取以迂为直的进攻路线，选取恰当的作战路径，出其不意地深入楚地，与楚决战，最后攻入郢都（今湖北荆州）。第一步是漫长的准备阶段，从公元前512年起到公元前506年入楚，用了整整六年时间。其间吴、楚之间发生了数次战争，虽然规模不大，但都与入郢作战紧密相关，可以看作总体战略计划的组成部分。

真正的大战在公元前506年到来。这一年秋天，楚国悍然对其邻国蔡国发动进攻，蔡国势单力薄无法自保，危急之中便向吴国发出求救信号。与此同时，唐国国君也早已对楚国多年来不断的勒索欺侮心生不满，主动派出使者与吴国修好，并表示可以协助吴国共抗暴楚。至此，原为楚国北部屏障的唐、蔡两国尽皆成为吴国盟友。这为吴国实施迂回作战、避敌锋芒，进而打击楚军力量部署相对薄弱的侧翼创造了极为有利的条件。

看到时机成熟后，吴王阖闾便任命孙武为主将、伍子胥为副将，任命其胞弟夫概为先锋，亲自率领全国水陆之师共计三万余人出征强楚。吴军首先乘坐战船，由淮河逆流而上，直奔蔡国境内。此时楚军正在统帅令尹囊瓦的率领下攻打蔡国，见到吴军来势汹汹，不得不回撤，进行本土防御。吴军与蔡军会合后，唐军也按照约定主动加入。于是，吴、蔡、唐三国组成攻楚联军，由淮河继续西进。联军在抵达淮汭（今河南潢川）后，为了出其不意、攻其不备，同时避免逆水行舟的弊端，孙武决定舍舟登陆，改西进为南下。联军在大别山一带进行战略迂回，迅速穿过楚国北部的大隧、直辕、冥阨三处天险要隘（均在今河南省信阳市以南，河南、湖北两省交界处），然后直取汉水东岸，至此距离楚国腹地已是一步之遥。

楚昭王急派左司马沈尹戌、令尹囊瓦、大夫史皇等人率领军队赶至汉水西岸，与吴军形成隔江对峙之势。吴军表面主动后撤，实则采取后退疲敌、寻机决战的方针。急功近利的囊瓦不知是计，误认为吴军惧怕楚军、畏战撤逃，急忙挥军追赶。吴军后退至小别（山名，今湖北省境内）至大别（山名，今湖北省境内）间，伏击迎战楚军，取得三战三捷。楚军连败三阵，军心士气大乱，囊瓦下令在柏举（今湖北汉川）附近扎营布阵，以图再战。公元前 506 年农历十一月十八，吴军进至柏举，与楚军列阵对峙。吴军先锋夫概认为楚军内部不和，应当趁机立即发起进攻。吴王阖闾则比较谨慎，暂未同意。夫概回营后，率领自己手下前锋五千人，直奔楚营，发起突然袭击。楚军果然一触即溃，阵脚大乱。阖闾见夫概得手，也立即投入主力配合作战，楚军很快土崩瓦解、溃散而逃。楚国大夫史皇在混战中被杀，统帅囊瓦则乘乱弃军逃往郑国。楚国左司马沈尹戌得知囊瓦率领的楚军主力战败，急率本部兵马前来救援。吴军先锋夫概在楚军的凌厉反击下暂时败下阵来。但是，吴军主力随后赶到，孙武指挥部队将楚军团团包围。楚军虽力战，仍无力突围，沈尹戌见大势已去，便令其部下割下自己的首级回报楚王。楚军至此群龙无首，彻底陷入了绝望的境地，军队加速溃败，楚国大势已去。吴军由此开启了对楚军的追击作战，并且越战越勇，连续五次大败楚军，一路直奔郢都而去。楚昭王得知前线兵败，竟然丢下群臣，带着亲信匆忙而逃。昭王西逃的消息传至军中，楚军彻底涣散。吴军势如破竹，于公元前 506 年农历十一月二十九攻入楚国都城郢都，柏举之战结束，吴军大获全胜。这是楚国建国以来，第一次遭遇都城沦陷，也是楚军遭遇的前所未有的惨败。

柏举之战是中国古代战争史上一个以少胜多、以弱胜强的经典战例。楚国原本强大，地方数千里，兵车数千乘，附庸十余国，可谓国力雄厚、武备

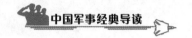

充足。此前中原诸侯历次对楚作战，也只是阻止其扩张的步伐而已。而吴王阖闾以小国寡兵，竟能打败楚军，乃至攻陷其国都，个中缘由，令人深思。其中固然与楚国备战不足和君臣无能有关，但与吴军精妙的战略战术也是密不可分的。

第二讲

《孙膑兵法》

第一节 《孙膑兵法》背景介绍

一、作者生平简介

传说孙膑为"兵圣"孙武的后世子孙，其真名不详，因其曾受膑刑，故称"孙膑"。关于孙膑的生年，史书并无明确日期，但《史记·孙子吴起列传》中有"孙武既死，后百余岁有孙膑"的记载。再结合孙膑"弱冠"之年见齐威王等史实，大致可以推算出孙膑应该生于公元前375年左右，即齐侯田剡末年或田桓公初年。

图 2-1　孙膑

关于孙膑的出生地，《史记·孙子吴起列传》记载："膑生阿、鄄之间。"在山东的《东阿县志·古迹志》中也有记载说孙膑生于"县西南五十里"。而东阿县西南五十里疑似就是《史记》中所讲的"阿、鄄之间"。直到今天，山东的阳谷、东阿一带关于

---

* 本讲中所涉《孙膑兵法》的原文，皆以 2006 年中华书局出版的《孙子兵法·孙膑兵法》为准。

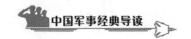

孙膑的传说仍然很多，纪念孙膑的庙宇和楼阁也不少。据此推断，孙膑应为齐人。

青年时的孙膑曾与庞涓一起师从鬼谷子学习兵法。后来，庞涓学成下山，受到魏惠王的赏识，封为大将。庞涓忌惮孙膑的才华，担心他以后成为自己的对手，于是设计陷害孙膑。魏惠王听信谗言，将孙膑处以膑刑（挖去膝盖骨）。受刑后的孙膑辗转来到齐国，先得田忌赏识，后受齐威王重用，为齐国获得多次战役的胜利。其中最著名的有两次：一次是在公元前353年"围魏救赵"的桂陵之战，另一次是公元前341年败魏军于马陵使庞涓自杀的马陵之战。孙膑由此"名显天下"。但是在随后的政治斗争中，田忌被迫流亡，孙膑也辞官归隐，从此潜心研究军事理论，总结实战经验，终成流传千古的军事名著——《孙膑兵法》。

二、创作背景简介

孙膑生活在战国中期，在这个诸侯割据的封建社会，动荡的社会环境以及独特的个人阅历为《孙膑兵法》的问世提供了基础。

（一）风起云涌的社会变革

其实早在春秋时期（公元前770年—公元前476年），社会就已经开始积攒巨大的变革力量了，从根本上来讲，这种力量来源于生产关系和生产力之间的矛盾，其突出表现就是此消彼长的奴隶反抗奴隶主的阶级斗争。这种斗争，从最初的怠工、逃亡发展为大规模的暴动和起义。公元前644年，齐国筑城的"役人"（即奴隶）为反抗苦役，发生了暴动；公元前522年，郑国的奴隶为反抗奴隶主贵族的残暴统治，举行了起义；公元前520年，周王室也发生了"百工"奴隶起义；公元前478年和前470年，卫国爆发了两次奴隶起义，一次把卫庄公吓得落荒而逃，另一次则将卫侯辄赶下台；公元前416年，晋幽公被"盗"（即奴隶）杀死；公元前420年，楚声王也被"盗"杀死。总之，这个时期奴隶反抗奴隶主阶级的斗争，可以说是风起云涌。在奴隶起义的沉重打击下，奴隶主贵族的统治岌岌可危，奴隶制的经济基础濒于崩溃。

公元前594年，鲁国率先实行"初税亩"，向私田征税，承认了土地私有。这标志着奴隶主国家的土地所有制——井田制的瓦解，全新的封建租佃关系开始产生。随着封建生产关系的产生和发展，新兴地主阶级开始登上历史舞台。

（二）战乱频仍的战国中期

战国中期，各诸侯国的新兴地主阶级在夺取政权之后，纷纷实行社会改革，通过实施变法和奖励耕战，新兴地主阶级的政权越来越稳固，兼并统一战争也风起云涌，最终形成了秦、齐、楚、燕、韩、赵、魏七强并立的局面。但是所谓"七强"，并非势均力敌，其国力军力还是相当悬殊的。政治、经济、军事力量的不平衡，必然导致攻伐不断、战事连连。而孙膑就是在这个乱世中成长起来的一名军事家。孙膑总结自己的实战经验，同时吸取孙武、吴起等前人的军事思想，由此形成了闻名天下的《孙膑兵法》。

（三）富国强兵的成功实践

孙膑初见齐威王，回答关于如何巩固统治的问题时，列举了历史上"三王五帝"用武力平定天下的例子，提出了"战胜而强立""举兵绳之"的主张。此后，孙膑得到齐威王的青睐，辅佐齐威王施行"富国强兵"的主张。他训练了一支骁勇善战的军队，打败强敌魏国，从此威名远扬。孙膑强调武力的重要性，但却反对轻率用兵，这与孙武的思想是一脉相承的。这种"慎战"的思想贯穿整个《孙膑兵法》。

第二节 《孙膑兵法》内容介绍

1972年，银雀山汉墓竹简出土，使得这部失传1700余年的兵法得以重

见天日。但由于年代久远，竹简残缺不全，损坏严重。经整理考证，文物出版社先后出版过1975年、1985年两种版本的《孙膑兵法》。在1985年版本中，《孙膑兵法》共十六篇，依次是：《擒庞涓》《见威王》《威王问》《陈忌问垒》《选卒》《月战》《八阵》《地葆》《势备》《兵情》《行选》《杀士》《延气》《官一》《五教法》《强兵》。十六篇并非《孙膑兵法》的全部，但从中亦能窥探到孙膑作为一名卓越军事家的深刻思想和谋略之道。

通观全篇，《孙膑兵法》与《孙子兵法》颇有相似之处，可以看作是对《孙子兵法》主要思想的继承与发展。孙膑在兵法中强调了战争正义性的问题，反对穷兵黩武；系统论述了决定战争胜负的五种因素；在孙武的基础上，进一步探索了战争规律——"道"。此外，《孙膑兵法》还对治军、阵法、地形等进行了详细的论述，提出了独到的见解。

第三节 《孙膑兵法》阅读指导

《孙膑兵法》竹书残缺严重，有些文字已经缺失，不能辨识。通过仅存的篇目，我们可以整理出孙膑的军事思想大致包含如下内容：

一、重战但慎战的战争观

战国中期，七雄争霸，战争的规模、强度以及激烈程度都远超春秋时期。残酷的现实和战争的实践，使孙膑认识到一个事实：没有强大的军队，就没有稳固的地位。在《见威王》一篇中，孙膑阐明自己的观点："夫兵者，非士恒势也，此先王之傅道也。战胜，则所以在亡国而继绝世也。战不胜，则所以削地而危社稷也。是故兵者不可不察。"战争的胜负直接关系到国家社稷的存亡继绝、黎民百姓的生死安危。所以统治者必须要重视战争。只有"战胜而强立"，才能"天下服"。

值得注意的是，虽然孙膑主张"战胜而强立""举兵强之"的观点，但他却反对"穷兵黩武"。《见威王》中提出:"战不胜,则所以削地而危社稷也。是故兵者不可不察。然夫乐兵者亡,而利胜者辱。兵非所乐也,而胜非所利也。"由此可见,孙膑同孙武一样,都是主张"慎战"的。

二、朴素唯物主义的军事哲学思想

《孙膑兵法》中体现着朴素的唯物主义和辩证法思想。与孙武相似,孙膑十分注重战争规律的探索和总结,他认为"道"是国家生死存亡和军事胜败与否的首要因素。《陈忌问垒》中说:"知孙氏之道者,必合于天地。"孙膑认为,"道"是一种客观存在,与天地万物一样,不以人的意志为转移,战争的发生及其胜负有其本身的内在规律。孙膑关于战争规律的见解,反映了他尊重客观实际、慎重对待战争、注重主观意志符合客观实际的朴素唯物主义思想。

那么应该如何掌握和运用"道"呢?《孙膑兵法》从多方面进行了阐述。《八阵》篇中讲"知道者,上知天之道,下知地之理,内得民之心,外知敌之请,陈则知八陈之经,见胜而战,弗见而诤,此王者之将也。"也就是说,打仗要知天知地、知彼知己,在对主客观条件进行充分了解和分析的基础上,才能用兵。《势备》篇则用剑、弓弩、舟车、长兵分别比喻陈、执、变、权,得出结论:"察此四者,所以破强适,取孟将也。"只有把握住这四个方面的内在属性和特点,才能"破强适,取孟将"。《兵情》篇则用矢、弩、发者分别比喻士卒、将领和国君,详细分析三者的作用及其相互关系,认为只有统筹安排好三者的运用,才能取得战争的胜利。孙膑认为,士卒好比"矢",是打击敌人的基本力量,应该合理调动,将精锐力量置于前方作为前锋。将领好比"弩",有了好箭,还需要强弩,只有将领与士兵上下同欲,才能发挥战斗力。最后,君主则是"发者",即射箭之人,要有正确的战略决策和杀敌目标。要会"审时度势"进行正确的战略决策,并且要坚持正义战争,不能"战而无义"。

三、"必攻不守"的战略思想

在《威王问》篇中,田忌与孙膑有一段非常精彩的对话。田忌曰:"赏罚者,

兵之急者邪？"孙子曰："非。夫赏者，所以喜众，令士忘死也。罚者，所以正乱，令民畏上也。可以益胜，非其急者也。"田忌曰："权、執、谋、诈，兵之急者邪？"孙子曰："非也。夫权者，所以聚众也。執者，所以令士必斗也。谋者，所以令适无备也。诈者，所以困适也。可以益胜，非其急者也。"在田忌看来"兵之急者"的"赏罚""权""執""谋""诈"，在孙膑心中却是"可以益胜，非其急者也。"也就是说，这些方面虽然很重要，但还不是战略层面上最要害的东西。孙膑认为，"兵之急者"应为"必攻不守"。所谓"必攻不守"，就是要坚决打击敌人疏于防守、无法防守、防守虚弱的要害之处。这是一种积极进攻的战略思想，与孙武"出其不意，攻其不备"的攻敌原则可谓异曲同工。这种战略指导思想，在孙膑亲自指挥和导演的著名的"桂陵之战"和"马陵之战"中都得到具体体现。这两次战役无一不是通过灵活机动的战术调动敌人，疲惫敌人，消耗敌人，最终消灭敌人。

四、"贵势"的战术原则

如果说"必攻不守"是孙膑的战略智慧，那么"贵势"便是其战术原则。孙膑认为要根据我情、敌情、地形、天候、阵法等各方面条件，创造有利于己而不利于敌的作战态势，从而达到克敌制胜的目的。在《势备》篇中，孙膑讲"凡兵之道四：曰陈，曰執，曰变，曰权。察此四者，所以破强适，取孟将也。"那么如何才能造势呢？孙膑在本篇中深入论述到："黄帝作剑，以陈象之。羿作弓弩，以執象之。禹作舟车，以变象之。汤、武作长兵，以权象之。"意思是说：黄帝制造剑，可以用兵阵来比喻；后羿制作弓弩，可以用兵势来比喻；大禹制作舟车，可以用机变来比喻；商汤、周武王发明长柄兵器，可以用主动权来比喻。以上四个方面，都是用兵的根本。剑是随时佩戴在身上的，虽然它不一定被使用。因此，军队即便没有作战任务，也要随时保持阵形、不断演练。箭矢是从肩和胸部之间发射出去的，是百步外可以远距离射杀敌人的武器，兵势要像弓弩一样，要出其不意，攻其不备，在敌军尚未察觉之时给予其沉重打击。用兵的机变则要像舟车一样灵活变通、进退自如。而战场主动权则要像运用长兵器一样，运筹帷幄。只要能够深入了解和掌握军阵、兵势、机变、主动权这四项制胜的原则，就能做到战胜强敌。这是战斗时的具体战术原则。

五、"莫贵于人"的人本思想

《月战》篇中有这样的记载："间于天地之间，莫贵于人。"孙膑认为，战争如同月亮运行一样，是有规律可循的。为将者只有找出这个规律，并且按照战争固有规律去用兵，才能立于不败之地。这个规律是什么呢？孙膑进一步指出："天时、地利、人和，三者不得，虽胜有央。"可见孙膑认为，天时、地利、人和就是取胜的规律性因素，而在这三者之中，最为重要的是人的因素。从古至今，许多军事家都持有相同的认识，历史上众多实战案例更是证明了这种论述的正确性。所谓"人和"，最主要的就是得人心。"得众者，胜""不得众者，不胜"。孙膑认识到了普通兵士的重要性、人心向背的重要性，是战国时期人本思想在军事学理论方面的重要表现。

第四节 《孙膑兵法》延伸阅读

《孙膑兵法》论述了取得战争胜利的重要条件。他认为，取得战争胜利至少要有七个条件：一是选卒；二是国家富强；三是赏罚分明；四是得众；五是对敌用间；六是度量敌情和防范危险；七是利用敌人的弱点。具备这些重要条件，战争就能取胜。其中"得众"是"胜之胜者"；"富国"是"强兵之急者"。孙膑还极重视人的因素，认为"间于天地之间，莫贵于人"。如果不能得天时、地利、人和，纵然暂时取胜最终也要遭殃。

孙膑指导作战特别重视灵活机动的原则。他阐述阵法，力主"因地之利，用八阵之宜"。八阵是将全军分为八部，主将居中，八部连环绕于四周，作战时根据地势和敌方状况变换八部的分合进退。这种灵活多变的阵法，为以

后的诸葛亮、李靖等所继承和发展。他部署用兵，力主因敌情和地形而布局，"易则多其车，险则多其骑，厄则多其弩"。马陵之战，就是"厄则多其弩"的范例。

孙膑主张治军要讲究方法。他认为，治军首先要鼓舞士气，所以经常使用"延气""利气""厉气""激气"等词，来强调主将要用多种形式激励士气。他特别重视卒、将、国君之间的协调一致，曾用矢、弩、射者来比拟卒、将、国君间的关系。他说，矢能否中的，在于弩的强弱偏正；弩的强弱偏正，在于射者的心力。其比喻生动形象。他还主张"杀士"，即减少员额，建设精干的部队。主张通过选贤取良和多种形式的教育训练，来提高作战能力。

孙膑的军事思想有不少与孙武相通之处。例如：强调一战而胜，本于孙武"役不再籍"的主张；主张居高临下制敌，显然继承孙武"凡军喜高而恶下"的思想，等等。孙膑根据战国中期战争的新特点，往往把这些问题阐述得更为具体，运用得更加灵活。

竹简本《孙膑兵法》出版后，受到中外学术界的普遍重视。遗憾的是，竹简本《孙膑兵法》各篇均有程度不一的残缺，使我们不能更全面地了解和继承这份遗产，实为一桩千古憾事。

第五节 《孙膑兵法》战例运用

一、围魏救赵

公元前 354 年，魏国进攻赵国，魏军攻势凌厉，包围了赵国都城邯郸（今河北邯郸）。赵国向齐国求救，齐王派出田忌、孙膑予以驰援。田忌作为齐国援兵的元帅，主张与魏军决一死战，孙膑作为军师却主张避实击虚，绕过魏军主力，通过攻击守兵薄弱的魏国都城，解救赵国之急。这是孙膑看似舍近求远，实则透过现象直击本源的一次精彩谋略，是逆向思维的具体运用，也是《孙膑兵法》中"必攻不守"思想的生动体现。作为桂陵之战中的经典战例，"围魏救赵"也被选为三十六计中的第二计。

二、增兵减灶

公元前341年，魏惠王派庞涓联合赵国引兵伐韩，韩昭侯求救于齐。齐以田忌为将，孙膑为军师，率军进入魏境，矛头直指与魏国都城近在咫尺的外黄（今河南商丘）。庞涓闻讯，赶忙弃韩而归。魏惠王痛恨齐国一再干预魏国大事，遂起倾国之兵迎击齐军，以庞涓为将，太子申为上将军，随军参与指挥。孙膑见魏军来势凶猛，且敌我力量悬殊，认为只可智取，不可力胜，便决定采用欲擒故纵之计，诱庞涓上钩。孙膑命令军队由外黄向马陵方向撤退。第一天令士兵挖十万个做饭的灶坑，第二天减为五万个，第三天再减为三万个。庞涓一见大喜，认为齐军兵士逃亡过半，便亲率精锐追赶。天黑时赶到马陵，却于火把照耀下发现一棵大树被剥去一大块树皮，上书"庞涓死于此树之下"八个大字，遂知自己中计。此时齐军伏兵万箭齐发，魏军进退两难，慌忙逃窜。庞涓又羞又恼，大叫一声："遂成竖子之名！"说完拔剑自刎。齐军一鼓作气，大败魏军，生擒太子申。此战之后，孙膑名扬天下。

《守城录》

第一节 《守城录》背景介绍

在中华民族数千年的历史发展进程中，曾经发生过无数次各种规模、类型的战争。其中城市攻防作战是最主要的形式，守城也为军事家所关注，除了在许多兵书中有这方面的专题论述外，还出现了守城的专著，如《襄阳守城录》《开禧德安守城录》等，其中以南宋陈规等撰写的《守城录》较为著名。

战争实践的需要是《守城录》成书的最主要原因。宋自建立以来，重文轻武，"守内虚外"，州郡长官一律由文人充任，奉行消极防御的策略，出现了战术指导上的倒退。宋室南渡后，偏安一隅，对外要应付骁勇善战的南侵金兵，对内要平定狼奔豕突的流寇集团和方兴未艾的农民起义。战乱所逼，南宋统治者难以应付，被迫允许地方随机处理。尽管北宋政府的放权有一定限制，但也为驻守将领官员大展拳脚、灵活驻防提供了契机，陈规的《守城录》便是这种形势下应运而生的产物。

陈规（1072—1141 年），字元则，密州安丘（今山东安丘）人，是南宋绍兴年间名臣，著名火器专家、军事家。陈规幼读兵书，爱国尚武。1127 年，

---

* 本讲中所涉《守城录》的原文，皆以道光戊申瓶花书屋版《守城录》为准。

金兵攻占宋朝京都汴梁（今河南开封），陈规奉命从安陆率兵增援京都，行至蔡州，因遭匪军阻截，无法北上，随即返回德安府城。适逢祝进、王在的兵匪前来攻打德安，在大敌当前、人心惶惶的情况下，陈规应城中百姓之请，于危难之际代理了德安知府之职，面对万余名匪军以炮石、鹅车攻城，陈规指挥城中军民奋起抵抗，连战败之，祝进、王在恐惧败退，解了德安之围，展现了卓越的军事才华，因功被正式任命为德安府知府。任知府期间，陈规积极做好战备，他仿照古代屯垦制度，在德安附近的险要隘口建立营寨堡垒，敌人来犯则聚于堡中御之，无事时就抓紧耕种。这样，战时可以御敌，平时可以解决军粮。五年间，陈规先后击败八股进犯德安的匪军，使德安成为中原各州郡唯一没有被匪军攻陷的城府，陈规也因此名声大震，被世人誉为"九攻九拒，应敌无穷，十万百万，靡不退却"的守城英雄。绍兴九年（1139 年），陈规升任顺昌府知府。到任后，陈规加强和改进顺昌府城防建设，招募兵勇，筹备军粮，广籴粟麦实仓廪，严防金兵犯境。第二年，金兵十万大军挥师南下，兵围顺昌。陈规严阵以待，与北上路过的刘锜军共御金兵，两军密切配合，大量杀伤攻城金兵，陈规以逸待劳，不断袭扰敌军，使金兵昼夜不得休，终使"兀术宵遁"，取得了对金守城作战中少有的一次胜利，确保了两淮、江、浙等地平安。战后升任庐州知州兼淮西安抚使，到任不久，疾病发作，不久病逝。

据《宋史·陈规传》载，陈规"有《攻守方略》流传于世"，并称赞说："自绍兴以来，文臣镇抚使有威声者，惟规而已。"而且还在陈规死后于"乾道八年，诏刻《规德安守城录》颁天下为诸守将法，立庙德安，赐额'贤守'，追封忠利侯"。陈规虽然是北宋末南宋初的一个文臣，但他熟读兵书，精研法律制度，学习工程技艺，在抵御金军南侵的战争年代里，坚守城池，有胆有谋。在长达十五年的动乱岁月中，陈规作为一个文臣，能在中原坚守城池不失，取得一次又一次的胜利，说明他确有一套比较契合当时战争情况的守御之术。陈规的城郭防御思想集中体现在他的传世之作《守城录》中。

第二节 《守城录》内容介绍

陈规是理论与实践相结合的兵家，他根据自己的实战经验和兵法方略，撰写了《〈靖康朝野佥言〉后序》《守城机要》等兵学论著。《守城机要》着重论述了城郭、楼橹制度及攻城备御之方。对于在攻者有炮的情况下，城垒应该如何改造与构筑以加强防御，防守者如何正确用炮粉碎敌之攻击，守城军民的组织编制、力量运用和守御实施等问题，均有详细的说明，贯穿着"凡攻城者有一策，则以数策应之"的"因敌而变"的思想。《靖康朝野佥言》原为夏少曾所著，详细记述了靖康间金人攻汴始末。陈规在改顺昌知府之后，得知同僚中有人收藏《靖康朝野佥言》，便找来"熟读"。当他读到京城黎民凄惨的景况时，"痛心疾首，不觉涕零"，于是便边读边写，写下了如何御敌的意见，作为《靖康朝野佥言》的《后序》，遂成《〈靖康朝野佥言〉后序》一文。陈规在谈到写《后序》一文的目的时说："朝廷大臣与将吏官帅应敌捍御之失，虽既往不咎，然前车之覆，后车之戒，事有补于将来，不可不备论也。"可见，陈规写作着眼点是为了夺取"将来"宋金战争的胜利。陈规死后约四十年，德安府学教授汤璹，追访陈规生前守城逸事，撰《建炎德安守御录》，具体记述陈规在德安守城作战的过程，并于绍熙四年（1193 年）向朝廷奏呈其书。大约在宋宁宗以后，原本各自独立的《〈靖康朝野佥言〉后序》《守城机要》《建炎德安守御录》被合成一书，刊行于世，这就是今天所能见到的《守城录》。

《守城录》是南宋著名兵书，其篇幅虽小，所涉及的内容也仅限于城池的守御，但却流传甚广。究其原因，就是因为其关于城池防御的思想，发前人之未发，开火器与冷兵器并用时代城池防御理论之先河。《守城录》系统地论述了火器用于攻城后，从城郭、楼橹制度的改革到城池守御之策的变化等一系列问题，而且这些论述是以陈规成功的守城实践为基础的。宋、元、明、清时期，边陲民族战争频繁，城池防御作战仍是主要的作战方式。从北宋至清咸丰年间（960—1861 年），长达九百多年，一直处于火器与冷兵器并用的时代，而火器虽然自元末以后，由于火器数量、种类的增多和战术性能的改进，

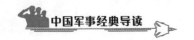

使得战术上发生了一些变化，但与两宋之交相比并无飞跃性发展，所以陈规的守城之策并未完全过时，而长期"为诸守将法"，故得以广泛流传。

第三节 《守城录》阅读指导

《守城录》虽然记述的只是防守一城一郭的得失，却从一个历史的横断面上反映了古代城市攻防战的思想及其发展过程，蕴含着深刻的军事思想。其对后世军事思想的影响主要有以下几个方面：

一是注重强弱变化，提出能战方能止战的战略思想。陈规针对士大夫阶层认为金兵强大，主张割地求和的偏安思想，极力主张抗金兵，防守城池。他痛心地承认宋军处于相对弱小地位的事实，但认为强弱不是一成不变的，"强者复弱，弱者复强，强弱之势，自古无定，惟在用兵之人何如耳"。在《〈靖康朝野佥言〉后序》中针对有些"大臣以为中国势弱，敌势方强，用兵无益，宜割三镇以赂之"的妥协之策，大声疾呼："殊不知势之强弱在人为。我之计胜彼则强，不胜彼则弱。若不用兵，何术以壮中国之势，遏敌人之强？"

二是辩证分析形势，提出积极防御、守中有攻的防御思想。陈规把各种被动应付的方法看作自取灭亡，极力摒弃，主张"事贵制人，不贵制于人"。他主张一切防御的设施要有利于保存自己和出击敌人。因此，防御城池要广开城门，填筑壕路。他对城墙、各种防护墙和城外壕堑的构筑都提出了适应火器用于攻城后城池防御新特点的大胆而独特的设想。他尤为重视防守中的主动出击，认为只有虚实相间、多方设伏，抓住有利战机，击敌之粮道，打击敌之薄弱环节，才能取得防守战的彻底胜利。他以西晋末年石勒大败鲜卑将领末杯的事例阐述了守城战当中主动出击的重要性，指出："此乃守中有攻，可谓善守城者也。后之守城者，何惮而不法欤？"在顺昌等保卫战中，陈规实践了他的这一思想，以五千人击退金朝主将兀术的十万精锐"铁浮图""拐子马"和"长胜军"。可见，陈规的攻守兼备、守中有攻的思想是对古代积极防御理论在冷兵器与火器并用的时代的发展。

三是适应实战需要，提出推陈出新、因敌而变的战术思想。陈规军事思想中最精彩的部分，是其守城思想。关于守城作战，陈规有相当深刻的论述。陈规结合抛石机的广泛使用和北军攻城特点，改进了守城的方法，发展了前人的守城思想。其核心思想是强调一个"变"字，就是要根据实战需要改变守城体系原则及城防建制。陈规指出："故事贵乎仍旧，而人惮于改作，皆不可必者……然自古圣人之法，未尝有一定之制，可则因，否则革也。"陈规深入研究了靖康年间金人进攻津京及寿阳等大小城池的战例，对攻者有炮的情况下，城垒应当如何改造与构筑以加强防御，防守者如何正确用炮粉碎敌方的攻击，守城军民的组织编制、力量运用和守御实施等问题做了大量实战化的改进，其基本思想是"因敌而变"，通过观察、了解敌人攻城的方式方法，灵活采取积极的防御之策，即"凡攻城者有一策，则以数策应之"。

四是注重屯田备战，不打无把握之仗的战备思想。陈规认为，"求人不如求己""上策莫如自治"，只要根据客观实际情况于敌未至之前精加思索，充分做好计划和物质方面的准备，就可以取得胜利。他在守德安时，曾就屯田事宜上奏条陈，主张把射手和民兵集结起来，分给田地令其耕种。在军士屯田的地带，一律选险要之处设立堡寨，敌人来犯则聚于堡中御之，无事时就抓紧耕种。射手平时分出一半以屯田。"民户所营之田，水田亩赋粳米一斗，陆田赋麦豆各五升。满三年无逋输，给为永业。流民自归者以田还之。凡屯田事，营田司兼行，营田事，府县官兼行，皆不更置官吏，条列以闻，诏嘉奖之，仍下其法于诸镇。"在顺昌保卫战中，面对金军大兵压境，陈规告诉刘锜"城中有粟数万斛"，可以长期坚守。所以后人评价："成锜功者，食足故也。"

五是注重战略纵深，有效杀伤敌人的防御策略。陈规从逐次防御、长期坚守的战争需要出发，注重战略纵深。传统的城池防御是"一城一壕"，如果敌军突破城墙就无险可守，城破人亡。为了有效提升防御能力，陈规依据实战提出了"二城三壕"说，即以官府为中心形成"外壕—羊马墙—主城墙—里壕—里城"为次序的由外及里的新型城邑防御体系，极大地增强了城邑防御能力。这是中

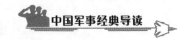
国古代城池防御史上的一个创举,不但将城池防御向纵深层次发展,增加了城邑的安全系数,而且活跃了战争思维。"二城三壕"的防御纵深可以有效杀伤敌人,使敌"纵令登城,已登即死;贼欲入城,引之入城,已入即死"。

第四节 《守城录》延伸阅读

陈规所处的时代正是我国火药应用于军事以及火器的创制与发展的重要时期,战争的形态虽然还没有发生本质变化,但战争的形式已有所不同。从北宋至清朝中晚期的九百多年间,火器由最初的燃烧性火器发展到爆炸性火器,再发展到管形火器。管形火器是近代前击性火器的鼻祖。它出现后,又由竹、木筒发展为铜、铁铳,再发展成近代的枪炮。陈规正是生活在战事频繁、火器开始创制和发展的年代。宋代的火器尚处于探索阶段。北宋已经出现了用于军事的燃烧性火器,南宋时进一步发展为金属爆炸性火器,并且开始出现以竹木为体的射击性管形火器。北宋时期的燃烧性火器中,已经有了爆炸性火器的萌芽,如霹雳火球,是用火药、瓷片和竹子裹制而成,燃烧时发生霹雳响声。1126—1127年金人围攻汴梁,据说李刚在守城时,曾下令发霹雳炮。南宋在对金战争中,曾多次使用霹雳炮。同时,统治北方的金朝也极力发展火器,金人侵宋时,在战争中缴获了宋人的火器,到第二年围攻汴京时,金军就使用了火器。北宋灭亡后,当时制造火药、火器的中心汴京和产硝的泽州(今山西晋城)、大名(今河北大名)等地,均为金人所占据,这就为金人进一步研究和发展火器提供了有利条件。金人在北宋火器的基础上发明了爆炸性火器,并用抛石机发射爆炸性火器,使守兵和城墙上的防御设施遭到杀伤和破坏。当时的宋朝统治者们在战略上搞消极防御,将军们在战术上按阵图作战,墨守成规,因而在战争中连连败北。以"修身、齐家、治国、平天下"为理想的儒士陈规,正是在读了《靖康朝野佥言》后,有感于京城黎民在金军攻打汴京时的凄惨景象,为治国平天下而精研兵学。陈规敏锐地抓住火器的广泛使用对战争的影响,深入研究了靖康年间金人进攻津京及寿阳等大小城池的战例，对攻者有炮的情况下，城垒应当如何改造与构筑以加强防御，防守者如何正确用炮粉碎敌方的攻击，守城军民的组织编制、力量运用和守御实施等问题而著的《守城录》。

陈规对宋代的火器非常熟悉，并进行了深入研究，而且有所发明。陈规发明的竹竿"火枪"是"射击性管形火器的鼻祖"。陈规守德安时，发明的一种火枪，即用巨竹做枪筒，内装火药，临阵点放，喷出火焰来烧人的一种管形火器，这是管形火器的鼻祖。绍兴二年（1132年），李横攻打德安，陈规"造下长竹竿火枪二十余条"，就是用"火枪"焚去李横所筑攻城的天桥，"（李）横拔寨遁去"。这是世界上首次将管形火器用于作战的明确记载。受其启发，27年后，寿春府（今安徽寿县）人创造了一种叫作突火枪的管形火器，它也是用巨竹做成枪筒，内装火药和"子案"，燃烧时先喷出火焰，火焰尽后，"子案"发出，响声如炮，远闻一百五十余步。《宋史》虽然没有具体说明"子案"的质料和形状，但可以推想出它是后来"子弹"的雏形。这种枪虽然很原始，但它已具备了射击性管形火器的基本要素——身管、火药、子弹。所以，陈规发明的火枪不仅在中国兵器发展史上具有重要的意义，而且在世界科技发展史上也占有重要地位。以管形火器为开端，射击性管形火器虽不断完善，但现代的各种枪、炮仍由这几个基本要素构成。而管形火器发明以前的火器虽已有很大发展，并在战争中起到一定作用，但作战中仍以冷兵器为主要武器，火器还要依附冷兵器来发射。所以，真正的冷兵器与火器并用的时代，是从管形火器发明后开始的。管形火器的发明和应用，为以后的战争带来了许多新特点，从而引起了战术思想的变化，丰富了战争史的内容。

第五节 《守城录》战例运用

1127年，金兵攻陷汴京，荆湖一带溃兵与饥民纷起，多者众至数十万，附近州县皆被攻破，唯陈规率兵数千守德安（今湖北安陆），陈规造城池，

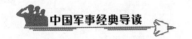

创制了长杆火枪，改进了抛石机，1126—1132 年，陈规率军"九攻九拒，应敌无穷"，多次击退敌人的大规模进攻，深为朝廷所赞赏。

陈规根据金军作战的特点，对德安城进行了如下改造：

1. 将原来的女墙改成平头形女墙。德安城原来的女墙比较矮且墙体较薄，陈规认为这样的女墙是无法发挥防御作用的，便将原来的女墙加高加厚，改造成了平头形的女墙。

2. 加强城门的防御设施。旧时德安城城门的防御措施不够强大，防御外敌入侵的效果很弱。为此陈规对其进行改造：在城门顶上建立了双层城楼；废弃了原来的瓮城，改成了护门墙；增修了暗墙，这样可以在敌人攻破外层护城墙时起到阻止敌军进入城内的作用。

3. 改建城墙四角。城墙的四角历来是人们忽视的地方，而陈规却异常重视城墙四角的作用。陈规将德安城城墙的四角进行了改建，将原来的直角改为弧形角，东北角为内凹圆弧，其余三角为外凸圆弧。这种城角便于两面守军相互照应，也便于从后侧杀伤攻城的敌人，扩大了攻击面积。

陈规不仅注意筑城用兵，还注重讲究策略，能够因事因人灵活应对。据记载，贼寇杨进来犯，陈规弃军与之相持 18 天，坚守不出，杨进因粮草补给缺乏，军心不稳。无奈之下，杨进只好带着一百多人到达壕上向陈规求和。这时，陈规亲自出城，拉着杨进的胳膊和他交谈，杨进大为感动，折断箭柄作为誓言带人离去永不来犯。还有一次，董平带领一支军队来窥视，并派手下李居正、黄进进城要求犒赏，陈规审时度势，果断地斩了黄进，然后劝降了李居正，并任命李居正为前锋，这样一举大败了董平。

第四讲

《武经总要》

第一节 《武经总要》背景介绍

《武经总要》为北宋初期奉旨官修的一部兵书，是我国古代第一部官修综合性军事著作。宋仁宗赵祯鉴于"武备懈弛"，"深惟帅领之重，恐鲜古今之学，命天章阁待制曾公亮等同加编定"，"尚书工部侍郎、参知政事丁度总领书局，适成编缀"而成《武经总要》一书（见《仁宗皇帝御制序》）。即曾公亮为编纂官，丁度为组织编纂者，他们组织一批

图4-1 线编版《武经总要》

学者编撰了《武经总要》，旨在提高将帅们的军事理论素养和作战指挥能力。

曾公亮（999—1078年），字明仲，北宋泉州晋江（今福建泉州）人，为人"方

---

* 本讲中所涉《武经总要》的原文，皆以1988年解放军出版社、辽沈书社出版的《中国兵书集成》
  为准。

厚庄重,沉深周密",少有大志。宋仁宗天圣年间中进士,知会稽县,后任郑州知府。仁宗嘉祐六年(1061年)为宰相。曾公亮一生居官,致力于革弊兴利,为富国强兵奋斗。天圣年间,西夏叛宋,朝议兴兵讨伐,皇上拿不定主意。曾公亮上奏《征怀书》,主张先怀柔后征伐的策略。仁宗采用曾公亮之策,西夏率服。庆历年间,曾公亮针对时弊提出"择将帅"以加强武备,裁撤冗兵,减轻国家财政压力等主张。曾公亮历仁宗、英宗、神宗三朝,封兖国公、鲁国公,配享英宗庙庭,赠太师、中书令,赐谥宣靖。正是由于曾公亮熟谙军事理论,对军史有着较深的研究,宋仁宗才命他和端明殿学士、工部侍郎丁度主编《武经总要》。

丁度(990—1053年),字公雅,北宋祥符(今河南开封)人。丁度"强力学问,好读《尚书》"。宋仁宗经常与他讨论边防问题,丁度根据自己的见解上书提了十条建议,名字叫《备边要览》。丁度性格敦厚朴实,不注重仪表,生活简朴,十多年一直住在简陋的小房子里,也没有像其他官员一样拥有侍女和姬妾。虽然丁度文采出众,以文字训诂和音韵学闻名当世,但他同时也精通军事谋略、计策,为《武经总要》的实际组织者、主持者。

《武经总要》于康定元年(1040年)开始编撰,庆历四年(1044年)完成。《宋史》称"四十卷"。前集二十卷,后集二十卷。宋仁宗为之作序。内中说:"共勒成四十卷,内制度一十五卷,边防五卷,故事十五卷,占候五卷。"《武经总要》的内容,就是按这四部分内容排列的。现有影宋抄本;元、明刊本;四库全书本;中华书局影印明正德间刊前集二十卷本。1988年,解放军出版社和辽沈书社以辽宁省图书馆藏明万历金陵书林唐富春刻本为底本,加以影印出版。

《武经总要》完整地记述了北宋前期的军事制度,从选将料兵、教育训练、通信侦察、火战水攻、山川河流、道路关隘、武器装备,以及历代战例、用兵得失、阴阳占候等方面进行了分类叙述,图文并茂,可以说是中国古代第一部军事百科性兵书。它的刊印和流传,为研究宋代的军事提供了很好的资料。宋仁宗赵祯在序中,明确要求该书对"军旅之政,讨伐之事,经籍所载,史册所记,祖尚仁谊,次以钤略。至若本朝戡乱,边防御侮,计谋方略,咸用纂举";对"营阵法制,器械名数,攻取之具,守拒之用,并形图绘,悉以训释"。即要求文武大臣和统兵将帅不但要精通历代和本朝的用兵方略，以求在军事谋略上战胜对手，而且要熟谙军事技术和军事工程的有关问题，以求在技术和战术上超过敌方，做到"兼形势"而"用技巧"，改变统兵将帅"鲜古今之学"而又昧于军事技术和军事工程的状况。《武经总要》的编纂和刊行，正是这一军事思想的集中反映。

宋仁宗对曾公亮和丁度主持编纂的《武经总要》十分赞赏，认为："公亮等编削之效，寝逾再闰，沉深之学，莫匪素蕴。"也就是说，《武经总要》经过曾公亮和丁度编纂修改和废寝忘食、来回的润色，使得深沉不露学问，都变得易于理解、简单外露。总之，《武经总要》反映了宋仁宗时代重视武备及军事思想上的变化，它对中国军事学术史和兵器技术史的研究具有很高的参考价值。

第二节 《武经总要》内容介绍

《武经总要》分为前后两集，各二十卷（其中前集的第十六卷、第十八卷，后集的第十九卷，各分上、下两卷。明弘治年间刻本移原第十六卷下的"北蕃地理"为第二十二卷，又把原第十八卷下作为第十九卷，改原第十九、第二十两卷为第二十、第二十一卷，故前集实为二十二卷。后集亦如此例，实为二十一卷。所以全书实为四十三卷），约五十八万字。前集包括各种军事制度十五卷、边防五卷。后集包括历史故事十五卷、阴阳占候五卷。多数卷内分目，目下分若干子目，即专题进行论述。

卷一分选将、将职、军制、料兵、选锋、选能等六个专题，分别论述将帅和士卒的选拔，指出选拔将帅和士卒的重要性。认为"君不择将"，就等于把国家拱手送给敌人；"兵无选锋"，疲兵和勇士混为一谈就会"不战自败"。同时还论及了军队的编制等问题。

卷二主要论述军队的教育训练，分讲武、教例、教旗、旗例、习勒进止常法、教平原兵、教步兵、教骑兵、教法、教条十六事、打围草教法、日阅法、骑兵习五变法、步兵习四变图、教弩法、教弓法等十六个专题进行论述。

卷三主要论述战法，分叙战上、叙战中、叙战下、抽队、军争、以寡击众、捉生等七个专题，侧重于"上兵伐谋"的论述。

《武经总要》前集卷四至卷九、卷十四至卷十五，都是北宋军队的各项制度，大多为营法、阵法、战场布设和选择、后勤供给、侦察、通信、烽隧等内容的叙述，除了征引历史资料外，也有北宋在上述方面与之相关内容的叙述，既纷繁复杂，又详尽细微，故不作解读。

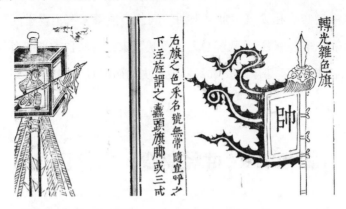

图4-2 《武经总要》插图

卷十主要论述进攻坚城的必要性，以及采取各种攻城的战法，并绘制了各种攻城器械的图形，并附有制造与使用方法的说明。

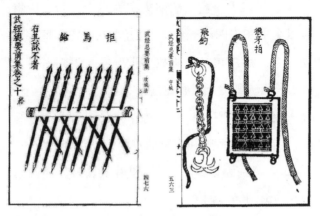

《武经总要》中的拒马枪：用于阻挡骑兵　　《武经总要》中的飞钩和狼牙拍：用于击退敌军

图4-3 《武经总要》插图

卷十一主要论述水战中所用的战船、济渡器材，以及火攻中使用的火攻器材。在火攻器材中，列出了"烟球"，以及附有火药配方的"毒药烟球"，连同卷十二"守城"中列出的"晋州火药方""蒺藜火球火药方"，《武经总要》记载了世界上最早的三个火药配方。

卷十二主要论述守城战法和守城具，指出若要取得守城战的胜利，必须具备五个条件："一曰城隍修，二曰器械具，三曰人少而粟多，四曰上下相亲，五曰刑严赏重。"此外，还要利用各种有利的地理条件，诸如所筑城池在"太山之下，广川之上，高不近旱而水用足，下不近水而沟防省，因天财，就地利，土坚水流，险阻可恃"，如果能这样，就可以守住坚城。

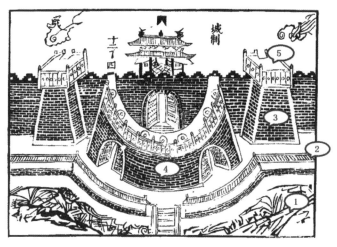

《武经总要》中的城墙建制：①沟；②羊马墙；③马面；④瓮城；⑤敌楼

图4-4 《武经总要》插图

卷十三主要论述兵器制造与使用的重要性，认为"工欲善其事，必先利其器"，士卒好比是工匠，兵器好比是工具，"器利而工善，兵精而事强"，就能做好工打好仗。"兵不精利，与空手同；甲不坚密，与祖裼（敞胸露怀）同；弩不及远，与短兵（近战兵器）同；射不能中，与无矢同；中不能入，与无镞同；斗而不勇，与无手同。"所以兵器是"三军所以恃而为勇也，可不谨乎"。历代形势不同；兵器的形制构造也各有差异，所以"但取当世兵机，绘出其形，纪新制云"。

《武经总要》前集卷十六至卷二十都以《边防》为卷名。其中：卷十六上，河北路；卷十六下，北蕃地理、戎狄旧地、中京四面诸州；卷十七，河东路；卷十八上，陕西路；卷十八下，西蕃地理；卷十九，益州路、梓夔路；卷二十，荆湖北路、荆湖南路、广南东路、广南西路。以上虽然按卷序分为五卷，但是由于卷十六和卷十八各分上下卷，所以实际上是七卷。文中的"路""军""州"都是宋代行政区划的名称。"路"是北宋初设立的地方最高级行政区划的名称（与现在的省相当）；当时全国有二十一路，宋神宗时全国划分为二十三路，金、元也用"路"划分其辖区内的地域。"军"是北宋初设立的一级行政区划，有的军与府、州同级，隶属于路；有的军与县同级，隶属于府、州。"州"是北宋初沿用古代的行政区划名，隶属于"路"。

在上述各卷中，分别对各路、军、州的方位四至（指某一地区四面所到达的边界地）、地理沿革、山川河流、道路里程、关隘险要、军事要点、驻军营地、守备设施、通信联络、兵力分布、战守得失等做了论述，并对河北、陕西、广南等沿边少数民族的历史沿革、风土人情、生活习俗，以及靖边政策等，做了比较详细的论述。

《武经总要》后集共二十卷，卷一至卷十五都以"故事"为卷题，征引古今战例中"尤切者"做佐证，总结有关历代的计谋方略、将帅修养、治军原则、常用战法、特殊战法、本朝戡乱、边防御侮、器利之用等多方面的经验教训，总计185门（《四库全书》本中的《武经总要》为181门），内容丰富翔实，具有较高的史料价值。后五卷讲的是阴阳占候等，占候一：天占、地占、五行占、太阳占、太阴占、陵犯杂占。占候二：日辰占、五星、二十八宿次舍、诸星占、星变、风角。占候三：云气、气象杂占、行军灾异杂占、太乙。占候四：太乙定主客胜负阳局立成、太乙定主客胜负阴局立成。占候五：六壬、遁甲。关于阴阳占候等内容系由司天监杨惟德等参考旧说编纂而成，其中有些迷信之谈。

第三节 《武经总要》阅读指导

《武经总要》反映了宋仁宗时代重视武备及军事思想上的若干变化，主要军事思想有以下几点：

一是兵要"贵知变"。经过多年的战争实践，宋朝的军事思想有所变化，逐步认识到"国事在戎，设营卫以整其旅"（《仁宗皇帝御制序》），开始意识到加强武备对于抵御外侵的重要性。通过总结历代战争的经验，重新肯定了用兵要"贵知变""不以冥冥决事"，以符合实际为原则这一兵家的优秀传统思想。《武经总要》指出："夫敌国治戎，交和而舍，不以冥冥决事，必先探其将能否而后战。因形用权，则不劳而功举。"一定要知己知彼，根据实际情况决定战争，既了解敌人又了解自己，百战不败。不了解敌人而了解自己，可能胜利也可能失败。既不了解自己又不了解敌人，每战必败。

二是将要"知职责"。《武经总要》非常重视将帅的作用，认为"将者，民之司命，国家安危之主，三军之事专达焉"，指出"君不择将，以其国与敌也"。在论述选将的标准时，认为要"以五才为体，五谨为用"，即作为将帅不仅要具备"智、信、仁、勇、严"的基本素质，还要具有"理、备、果、诚、约""五谨"，并用"九验"的方法来检验将帅的品德艺能和谋略情况，非如此，不可以御卒、料战、统率三军对敌作战。

三是战要"以奇胜"。《武经总要》的作者认为兵不奇则不胜，克敌制胜，胜敌之术，在于用奇兵。其总结、归纳了先秦以来的"奇正"思想，对"兵以正合，以奇胜"，做了详细的论述。在《武经总要·奇兵篇》中，作者深刻总结道："历观前志，连百万之师，两敌相向，列阵以战，而不用奇者，未有不败亡也，故兵不奇则不胜。"书中还以历史上的战例，证明用"伏兵""权奇""奇计""出奇""伏兵"的重要性和必要性。从中可见其对"以奇胜"的重视。

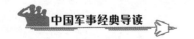

第四节 《武经总要》延伸阅读

《武经总要》不仅是一部军事理论著作，也是一部指导战争实践的百科大全。该书以"武经"为名，以《孙子兵法》等兵学经典中阐发的思想原则为基础，但在理论上有阐发，加上了自己的见解，在制度上更加细致和具体，并用历史事例来补充说明这些原则办法在实践上的运用得失。《四库全书总目提要》说它"前集备一朝之制度，后集具历代之得失"，对其给予了极高的评价。从这个方面来说，该书在我国的兵书史上，具有开拓性的贡献。

《武经总要》广辑军事资料，内容浩瀚，较为完整地记述了北宋前期的军事制度；注重战术和技术的结合，介绍兵器、火器、战船等军用器具，并且在营阵、器械等部分大量附图；军事理论和战例故事结合，既言法而又言事与人，是我国古代军事史的重要典籍。它在当时有着"善将出抗强敌，每画筹策"的作用。在今天，其可供借鉴之处还是有的。例如，它分门别类辑录的战例，对于侦察、警戒、行军、宿营的详细记述，今人读之，不仅可以了解许多古代军事知识，还会对我们今天的训练和未来作战有一定的启发作用。《武经总要》关于军事制度、军事器械、军事理论、战例故事等内容的记载，对于中国军事学术史和兵器技术史的研究，也有较高的参考价值。

《武经总要》的刊印流行，对后世产生了深远的影响，主要有下列几个方面：

首先，为后来军事百科全书的编纂树立了典范。《太白阴经》虽然开创了古代军事百科全书编纂的新体例，但是在学科门类的设置等方面仍很粗疏。《武经总要》则加以全面发展，成为后世编纂军事百科全书的典范之作。书中相当一部分的内容，被《武编》《兵录》《登坛必究》《武备志》等军事百科全书所转录、吸纳与融汇。

其次，为兵要地志的研究和著述开创先河。《太白阴经·关塞四夷篇》虽然对关内道、黄河北道、河东道、陇右道、河西道、北庭道、安西道、范阳道、平卢道、岭南道、河南道等十一道的地理做了简要叙述，但没有兵要地志的内容。在《武经总要》边防五卷中，兵要地志的内容则体现于字里行间，成为清初顾祖禹所撰《读史方舆纪要》的参考之作。

再次，《武经总要》在论述攻城、守城、火攻、水攻、水战及陆战中所用兵器、战车、战船和各种战具时，首次绘制了一百五十多幅古朴的绘图，为今人研究宋代（含宋代）以前的军事技术史，提供了弥足珍贵的史料。

最后，《武经总要》是一部官修的综合性兵书，属类书性质。它注重的主要是知识性，理论上创造不多，只是对"武经"中反映的思想和具体方法的汇集做深一步的演绎，将经典的思想实践化。《武经总要》调整了军事理论和军事技术二者的比例，其中军事技术内容大幅度上升，克服了既往兵书在这两方面畸重畸轻的倾向，使统兵将领在熟谙军事理论的同时，也能掌握军事技术的要领。在军事技术各卷还配有大量绘图，使人们对文中的军事技术内容有全面的了解，实用性、可操作性更加突出。这反映了宋代军事思想和战法制度的成熟和发展。

第五节 《武经总要》战例运用

南宋绍兴三十一年（1161年），宋将浙西马步军副总管李宝在陈家岛指挥宋军运用从《武经总要》中学得的火攻、水攻、水战及陆战中所用兵器、战车、战船和各种战具，以火球、火药箭击败金军战船。

南宋绍兴二十九年（1159年），金主完颜亮命令工部尚书苏保衡于通州（今北京通州）督造战船，准备南下攻宋。至绍兴三十一年八月，完颜亮统兵号称六十万，分四路大举攻宋。其中海路由苏保衡与完颜郑家率领金军水师，由海道趋南宋都城临安（今浙江杭州）。为了抗击金军的进攻，南宋高宗赵构下令宋军积极备战，分四路迎敌。其中海路由李宝率领宋军水师由海道北上，迎击南侵的金军水师。

绍兴三十一年八月，李宝按朝廷部署，率水军三千人，分乘一百二十艘战船北驶至胶州湾的石臼岛待机。其时，金将完颜郑家同苏保衡所率水师至

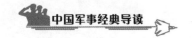

胶州湾陈家岛、松林岛遇风而阻，距离南宋水师甚近。李宝得知此情后，当即抓住战机，指挥宋军乘风进攻金军水师。作战中，李宝命水师包围金军水师，用新创制的火药箭与火球，从四面环射金军战船。箭中船具后烟焰旋起，火球所击，烈火腾飞，延烧金军战船数百艘。接着，李宝又命壮士跃登金军战船，歼灭金军。结果宋军大胜，金将完颜郑家毙命，金军水师全军覆没。

宋金水师在陈家岛水域之战，在《宋史·李宝传》和《金史·郑家传》中都有记载，但具体内容稍有不同。前者说是用火药箭，后者说是用火球，可见燃烧性火器在作战过程中发挥了重要作用。

作战过程表明，火器用于水战之初，就能够在较远的距离，先于冷兵器发挥焚烧作用，使敌船丧失机动和作战能力，处于被动挨打的地位，为最后以接舷战全歼敌军创造条件。宋金水师在陈家岛水域进行的水战，是世界战争史上最早使用火药箭、火球并与冷兵器相结合的一次水战，对水战战术的发展具有重要的意义。

《纪效新书》

第一节 《纪效新书》背景介绍

明代后期，军事废弛，卫所制度遭到严重破坏，特别是沿海防御极为薄弱，加之自 14 世纪以来，日本进入南北朝的分裂战乱时期，日本西南部的封建领主，为了抢夺财富，壮大自己，经常联合、勾结内战中的残兵败将，以及地方破产的封建主、失势的政客、战士、浪人和商贩组成海盗集团，到我国沿海地区进行侵略、骚扰、掠夺，当时人称他们为"倭寇"。倭寇组成庞大的船队，携带武器，大肆侵扰掠夺，同时进行走私活动，可谓无恶不作，一度侵扰范围扩大到福建、广东等地。为了防御倭寇的侵掠，明朝政府从各地调集军队，加强沿海的防御力量，沿海地区的人民也组织起来抗击倭寇。明朝名将戚继光、俞大猷等领导军民沉重打击了倭寇。1561 年，戚继光率领的戚家军平定了浙江的倭寇之后，率军进入福建、广东，与俞大猷联合作战。到 1565 年，东南沿海的倭寇都被肃清，为国为民除了一大祸患，《纪效新书》就成书于这一时期。

《纪效新书》是明代后期一部有关练兵教战、制器用器的专著，成书于明嘉靖三十九年（1560 年），是抗倭名将戚继光根据自身抗倭实战经验编写的兵

---

* 本讲中所涉《纪效新书》的原文，皆以《四库全书》本为准。

书。戚继光（1528—1588年）是中国古代军事家中实战经验最为丰富的文武全才之一。他出身将门，从小熟读兵书，从父亲那里学到了许多处世的经验和行军打仗的学问。1544年戚继光的父亲戚景通病逝，十七岁的戚继光承袭父职，做了登州卫的指挥佥事。这一时期，明朝卫所制遭受破坏，军事战斗力下降，卫所部队严重缺员，纪律涣散，作风松弛，训练无方，倭寇趁机不断窜犯大陆，勾结贪官奸商，烧杀抢掠，严重威胁人民的生命财产，引起了东南沿海人民的强烈愤慨和坚决反对。各地尽管有很多明朝的军队，但是战斗力不足，不能抵抗倭寇的侵扰，倭患猖獗，严重影响明朝海疆稳定。1555年戚继光奉命调任浙江，次年征参将，镇守宁波、绍兴、台州等地，领导沿海抗倭斗争。他编练军队，严明纪律，严格训练，培养了一支训练有素的"戚家军"。在抗倭斗争中，他认真总结作战经验，根据东南地区水域多、道路曲折的地形特点，创造了打击倭寇最有力的新阵法——"鸳鸯阵"，多次打败入侵倭寇。戚家军在战斗中逐渐取代旧的明军，成为抗倭斗争的主力部队。在抗击倭寇的大小80余次战斗中，戚家军攻无不克，战无不胜，给来犯的倭寇以歼灭性的打击，基本上荡平了倭寇之患，保卫了祖国海防前线，保护了沿海居民生命财产安全，立下了不朽的功勋，成为万世景仰的民族英雄。在多年的抗倭战争中，他屡建奇功，表现出杰出的军事才能和指挥艺术。抗倭战争取得基本胜利后，戚继光又于1568年奉命被调到北方，镇守蓟州十余年，使北部边防日益巩固。戚继光在镇守蓟州期间，积极训练边卒，创造了战车与步骑结合的战术，整修防务，将边境防务修治得固若金汤，蓟州成为平安之州，北部边防保持了数十年的太平。戚继光不仅战功卓著，而且治军有方，他对练兵、制械、作战等方面都有独到的创见，所著《纪效新书》《练兵实纪》吸取了许多兵家的成果，并将其加以改革和创新，因而对后世军事思想的发展产生了深刻的影响。《明史·戚继光传》称他："更历南北，并著声。在南方战功特盛，北则专主守。所著《纪效新书》、《练兵实纪》，谈兵者遵用焉。"

第二节 《纪效新书》内容介绍

《纪效新书》作于 1560 年前后，是戚继光在抗击倭寇的战争中写成的，是对抗倭战争实践经验的系统总结。《纪效新书》是在佛郎机和鸟铳大量使用情况下，进行军事训练的兵书，其内容主要是当时练兵教战和制器用器经验的总结。《纪效新书》书名的含义及文中的主旨，作者是这样说明的："夫曰'纪效'，明非口耳空言；曰'新书'，所以明其出于（兵）法，而不拘泥于（兵）法，合时措之宜也""集所练士卒条目，自选畎亩民丁，以至号令、战法、行营、武艺、守哨、水战，间择其实用有效者，分别教练，先后次第之，各为一卷，以诲诸三军俾习焉。"全书有总叙一卷，正文十八卷。现存有明刻本和清代以来的抄本和刻本等多种。国外有日本宽政九年刻本等。万历年间成书的十四卷本，内容与十八卷本有所不同。《纪效新书》影响巨大，受到当时朝鲜和日本两国的重视，朝鲜在设立训练都监时，曾用它做教科书。《纪效新书》采用通俗易懂的口语书写，如同讲课的教本，士兵听后易记易学，又好像进行作战训练的条令，士兵便于操作和执行，具有较强的实用性和普及性，不但能在戚家军中实行，而且也被其他兵书著述家所采用。由于《纪效新书》是在抗击倭寇的实战之中形成，戚家军英勇抗敌的事迹尤其让人感慨，人们不仅可以从《纪效新书》中吸取抗击外军侵略的战法，更为重要的是还从《纪效新书》中学习了戚家军反抗外国侵略的民族精神。中华民族在进行抗日战争时，《纪效新书》就曾被大量翻刻，用于鼓舞激励国人抗击倭寇。

《纪效新书》总叙包括《任临观请创立兵营公移》《新任台金严请任事公移》和《纪效或问》。前两篇主要针对东南沿海倭寇为害的状况，反复阐明练兵的可行性和必要性。《纪效或问》则以问答形式，提出明确要求，以期解决练兵中的许多疑难问题。正文十八卷主要有：束伍篇第一、紧要操敌号令简明条款篇第二、临阵连坐军法篇第三、谕兵紧要禁令篇第四、教官兵法令禁约篇第五、比较武艺赏罚篇第六、行营野营军令禁约篇第七、操练营阵旗鼓篇第八、出征起程在途行营篇第九、长兵短用说篇第十、藤牌总说篇狼筅总说篇

第十一、短兵长用说篇第十二、射法篇第十三、拳经捷要篇第十四、布城诸器图说篇第十五、旌旗金鼓图说篇第十六、守哨篇第十七、治水兵篇第十八。包括选兵和编伍，技术战术训练，军事纪律和比较武艺，行军作战及旗帜信号，守城和墩堠报警，兵船束伍、水寨习操、战艇器用和水上战斗等。

《纪效新书》立足于作战实践，该书图文并茂，有阵图等各式插图计250多幅，《四库全书总目提要》称："其词率如口语，不复润饰，盖宣谕军众非如是则不晓耳。"该书内容翔实，主要用反复辩难的形式，阐述"实用有效"的各项军事技术和制度。既是抗倭实战经验的总结，又反映了在火器发展一定阶段上的军队训练和作战情况，体现了时代的特点，有较高的军事价值，为后世所重。

第三节 《纪效新书》阅读指导

《纪效新书》全面反映了戚继光练兵和教战的理论，该书全面细致规定了各项练兵的要求。束伍篇是全书练兵教战主旨的开宗篇，故首先论述选拔士兵的标准，而后按照逻辑顺序，依次论述给入伍新兵配发兵器的原则、编制队伍的程序等问题，为进行基本训练奠定基础。操令篇主要论述"鸳鸯阵"的基本阵形、基本阵形的分合变换、基本阵形的操练方法等。军法篇主要讲连坐赏罚等军法。禁令篇因为"号令既繁，人无所措，故复分此别卷"，主要教育士兵遵守纪律与号令，"凡赏罚，军中要柄，若该赏处，就是平时要害我的冤家，有功也是赏，有患难也是扶持看顾；若犯军令，就是我的亲子侄，也要依法施行，决不干预恩仇"。法禁篇主要教官兵法令禁约。比较篇主要讲述了各种武器的训练要求、方法和考核，并指出"凡比较武艺，务要俱照示学习实敌本事，直可对搏打者，不许仍学习花枪等法，徒支虚架，以图人前美观。"行营篇主要讲野外屯扎，对垒列营及行军过程中应注意和遵守的具体问题。操练篇主要"教以坐作进退之法，为营阵之制，以施于用。"出征篇主要讲述出征起程在途行营的注意事项。长兵篇主要讲述长器短用的方法和长短相卫的阵法要求。牌筅篇主要讲述藤牌和狼筅的用法及练法。短兵篇讲述短兵长用之法和短兵器的诀歌与练习方法。射法篇主要讲述开弓放箭的要领与学习方法。拳经篇主要讲述参戎刘草堂打拳的拳法，并附有拳经图，以便习练，后为许多武术爱好者所喜爱。诸器篇讲述了布城的用处方法和计法，《武经总要》记载的器具、软壁、刚柔牌式、衔枚、鬼箭、人撒竹筒形、飘石、夜伏耕戈、木城等器具的用法和制造之法，放鸟铳法式和制造方法、图式以及制合鸟铳药方，火箭、子母炮、佛郎机等火器运用制造之法等。旌旗篇主要讲述兵旗法制，各种兵旗的形制意义。守哨篇主要讲述卫所烽堠之事，如墩堠报警号令、墩军号火走报军法、派守城规则、守城号令、守城军法、号令、伏路、发伏路号令、伏路军法等。水兵篇主要讲述兵船束伍法、常时水寨操习、发船号令、遇夜洋行船、临敌号令军法、松海岛屿外洋哨船发火号令、浙东潮候、战船器用说等海上作战的要义。

戚继光非常重视从一整套的制度方面来解决军队建设和战斗力的提高问题。他以创建兵营为基础，对部队进行系统的教育训练工作。他既训练战士的勇敢精神，又训练战士的武艺胆略；既训练战术意识，又训练技术技能；既分练，又合练；既练兵，又练将，使之自成体系，领会贯通，融为一体。这样就把整个部队训练成为一个不可分割的整体，有利于战斗力的提高，有利于令行禁止和整齐划一。"而况技艺，岂可独使士卒该习，主将不屑习乎？"（《纪效或问》）只有将帅技艺精通，才能做士卒的表率，战胜敌人。在《纪效新书》中，戚继光注重从单兵训练入手，在单兵训练的基础上再进行队哨的训练，进而到各营兵种的合练，循序渐进，逐步提高。单兵是军队作战和训练的基本单位，队是戚继光所创步兵营的基本编制单位。每个队编士兵12人，除火兵（即炊事员）1人不参加作战外，有战斗兵员11人，并由这11人编成最基本的战斗队形——鸳鸯阵，形成一个战斗集体，按照攻守兼备、前后救援、左右搭配、长短互补的原则配备兵器。这种战斗队形是一种分合灵便、变化多端的战斗集体，它可以在队长居中指挥下，演变为二伍阵或三才阵等阵形，进行灵活机动的战斗。

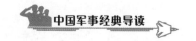

戚继光不仅重视战争中人的作用，还非常重视制器用器的理论研究运用。他认为："器械不利，以卒予敌也；手无搏杀之方，徒驱之以刑，是鱼肉乎吾士也。"（"长兵篇"）《纪效新书》中，对部队装备使用的各种火器与冷兵器都进行了全面的研究，提出"长以救短，短以救长""长短相杂，刺卫兼合"等冷兵器使用原则。同时，又提出了"五兵之中，惟火最烈"的主张，把火器兵器看成是作战取胜的一个重要条件。因此，他非常重视对火器兵器的研究和运用。在《纪效新书》中，他第一次公布披露了我国古代火药的配方、配制技术，为以后火药的运用和发展打开了新的局面。《纪效新书》中，大量记载了部队装备和使用兵器的情况，这些兵器有许多重大的创造和发展，特别是对鸟铳和佛郎机的仿制，使其成为明军装备的主要火器武器，这标志着武器已经从明代前期的火铳，发展为后期的欧式枪炮，这是明军装备发生变革的主要标志。同时，在爆炸性火器、燃烧性火器的研制和运用方面，也有许多的创新和发展。鸟铳、连子铳、佛郎机、子母炮、满天烟喷筒、飞天喷筒、火砖、火妖、火蜂窝等火器的制造方法，以及大型福船、中型海沧船、小型苍山船的构造、性能、装备以及编制训练等均有详细论述，其详细完备之程度，实为同时期其他兵书所不及。

在战略指导上，《纪效新书》主张以攻为主，以彻底歼灭敌人为目的，这是与戚继光"安内必先攘外"思想分不开的。在内忧外患同时存在的情况下，外患是对国家安全的最大威胁，因此戚继光全力荡平倭寇，以保障东南沿海的安宁，此做法是极其正确的。为实现拒敌"不得人"的战略决策，必须有守有战，守战结合，"有能战之势，而后可期固守之安"。要能攻能守，常备不懈，"兵法：'攻是守之机，守是攻之策。'自古防寇，未有专言战而不言守者，亦未有专言守而不言战者，二者难以偏举"（《纪效新书·守哨篇》）。无论是战时还是平时，是设防还是布阵，戚继光都要把战与守紧密地结合在一起，做到战中有守，守中有战，战守结合，互依互存。并在战与守相结合的基础之上，根据敌情的变化而随时改变自己的战略战术原则，做到"因敌而制胜"。戚继光注重从实战出发，依据"知己知彼，百战不殆"

的原则，制定正确的作战方针和战略战术，找出克敌制胜的法宝。通过《纪效新书》我们可以知道他对倭寇的活动规律和作战特点摸得很透，熟知敌方的武器装备、战斗方法、人员编制等诸多特点。在抗倭战争中，他根据倭寇人数不多，流动分散，且多是步战，行动又受到海洋气候的制约等特点，决定积极进剿，每战力求速战速决，力求全歼。并针对倭寇刀法熟练、利于短战的作战特点，创造了鸳鸯阵法，以长短兵器和藤牌相结合的巧妙办法制敌。在战争中，他充分研读兵法，挖掘冷兵器时代各种器械制作的使用方法，因地制宜充分发挥武器的作用，利用布城、木城、卫所积极防御的思想都是极为宝贵的军事思想。

第四节 《纪效新书》延伸阅读

由于《纪效新书》出自实战，又描述详尽，便于实际操作、演练和制造，具有较强的实用性和普及性，许多后来的兵书都借用了《纪效新书》的相关内容。如郑若曾的《筹海图编》、茅元仪的《武备志》等，都多处摘录其内容。由于此书的内容多为抗击外敌入侵而写，所以每当中华民族遭受外敌入侵时，《纪效新书》就被广为翻刻。甚至在明万历年间，日本丰臣秀吉发动大规模侵朝战争，明军出援朝鲜时，《纪效新书》也被大量翻刻。清朝道光二十年（1840 年），中国军民抗击英国鸦片入侵的战争时，《纪效新书》再次被大量翻刻。20 世纪 30—40 年代，中华民族在进行抗日战争时，《纪效新书》也曾被大量翻刻。人们不仅从《纪效新书》中吸取抗击外军侵略的战法，更为重要的是从《纪效新书》中学习戚家军反抗外国侵略的民族精神。戚继光编练车营，采用车步骑相结合的合同战术，也被其后的赵士桢、徐光启和孙承宗所仿效。他编练的鸳鸯阵战法，被清军改变为"鸟枪三叠阵"而被沿用。《纪效新书》关于使用各种冷兵器进行作战训练的图式，直到现在还被一些武术团体所仿效。

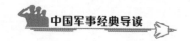

另外，戚继光还著有一本兵书——《练兵实纪》。该书虽然同《纪效新书》一样，也是一部练兵教战、制器用器的兵学专著，但是其内容却有所不同。《纪效新书》是戚继光为总结在东南沿海抗倭作战的经验而作，《练兵实纪》既沿用了《纪效新书》中行之有效而带有普遍意义的内容，又有许多创新和发展之处，因此在阅读了解《纪效新书》时可一并学习了解。

第五节 《纪效新书》战例运用

嘉靖四十年（1561年）五月初四，倭寇2000余人欲经上峰岭，出白水洋（今浙江临海西）袭扰台州（今浙江临海）下辖之仙居县（今浙江仙居）。上峰岭（位于白水洋东侧）南，是一条狭长谷地，便于设伏击敌。于是戚继光率1500余人，先敌到达上峰岭，每人以松枝一束作伪装隐蔽，埋伏于山路附近。初五，倭寇至上峰岭南侧，遥见岭上松林茂盛，便不加戒备，径自前行。戚继光侦知倭寇作战行军的特点，是首尾都为精强之兵，中间兵力较为薄弱，形成蜂腰式的队形。据此，戚继光待倭寇前锋过后，便下令士兵抛开松枝，以一头一尾两翼的菱形"哨鸳鸯阵"接敌，士兵听令后一时伏兵四起，鸟铳齐发，猛射倭寇，又以居高临下之势猛冲敌阵，倭寇四面受敌，一时手足无措，猝不及防，败退至北面小山，试图顽抗。戚家军乘势猛攻，登上山巅，杀得倭寇四下坠崖，残部攀缘而下，溃退白水洋之朱家宅，又被戚家军团团围住，以鸟铳齐射，纵火焚烧，将其全歼。

此战斩杀倭寇344人，生擒倭酋5人，缴获兵器约1490多件，解救被掳男女1500余人。这是在山地战中以谋为本，以鸟铳为主要兵器，全歼倭寇的一个出色战例，也是戚继光练兵教战、制器用器理论的具体运用，极大地提升了戚家军抗倭的信心。

第六讲

《读史方舆纪要》

第一节 《读史方舆纪要》背景介绍

反清复明一直是武侠影视剧中常见的经典题材，为后人留下了许多遐想的空间。但是在我国的历史上，曾经真的有这样一位奇人，他以著书立说为手段，想要达到反清复明、匡复大业的目的。这个人就是江苏无锡人顾祖禹，明末清初卓越的历史地理学家。

明清之际，地理学迅速发展，成就远超前代。地理学，古称"舆地之学"。"舆地"出自《易·说卦》，解释为土地、大地。我国古代史家历来注重地理沿革的研究。班固的《汉书》首设《地理志》，此后许多正史都承续了这一传统。如宋郑樵《通志》设《地理略》，马端临《文献通考》设《舆地考》，均分别进行专门著述。《读史方舆纪要》就是一本历史地理著作，与梅文鼎的《历算全书》、李清的《南北史合抄》被时人合称为"三大奇书"，成为不朽的传世经典。

《读史方舆纪要》的独特之处在于把以往的军事战争活动与客观的地理环境紧密地结合起来加以分析和评述。晚清湖广总督张之洞把它列入古代兵书；学者江藩则把它归入地理类目；著名学者梁启超认为，它是一部军事地理巨著，

* 本讲中所涉《读史方舆纪要》的原文，皆以2005年中华书局出版的《读史方舆纪要》为准。

又可作为军事史书来读。顾祖禹的好友、清初著名学者魏禧读了这本书的初稿就高度评价道："此数千百年来绝无仅有之书也。"

图 6-1 《读史方舆纪要》藏书图

图 6-2 《读史方舆纪要》内面图

书名中的"方舆"意思是"行政区域、管辖区域、行政版图"。作者在书的一开始就开宗明义："天下之形势，视乎山川；山川之绝络，关乎都邑。然不考古今，无以见因革之变；不综源委，无以识形势之全。"意思是历史与地理互为经纬，要想读史明理的人，如果不明白山川地理的古今流变，就难以窥见史书之奥妙。

顾祖禹（1631—1692 年），字景范，自幼聪颖过人，好学不倦，背诵经史如流水，且博览群书。因为他的先祖一直住在宛山之溪（宛山在常熟县西南五十里，亦曰苑山，与无锡接界），所以也被学者们尊称为"宛溪先生"。"宛山顾氏"作为顾姓中重要的一支，主要居住在今江苏无锡锡山区的二房廊下、三房廊下一带。这一支系中杰出的人物，有顾祖禹的长辈顾大栋、顾柔谦等，加上顾祖禹，形成了我国历史上罕见的地理世家。顾祖禹的高祖顾大栋撰有《九边图说》，曾祖顾文耀、父亲顾柔谦都通晓舆地之学。在家庭的影响下，顾祖禹毕生专攻史地，尤以沿革地理和军事地理的研究为精深。

顺治元年（1644 年），顾祖禹 14 岁，清兵入关，明王朝在李自成农民起义军和清兵的双重打击下迅速灭亡。清兵入关初期实行"圈地令"，强令汉族剃发易服，推行"文字狱"，许多汉族知识分子或隐居不仕，或遁入空门。顾祖禹随父亲避居在常熟虞山，和父亲一起躬耕于虞山之野，隐居不仕，过着"子号于前，妇叹于室"的清贫生活。父亲顾柔谦临终时，嘱咐顾祖禹要考续"先代所著述"，"掇拾遗言，网罗旧典，发舒志意，昭示来兹"。明亡后，顾祖禹一方面感慨时事变迁，一方面潜心研究地理方志，决心从地理兵要的角度写一部历代山川形势与战争攻守关联的史书，以应《孙子兵法》中提出的"地利为行军之本，先知地利而后可以行军"的论断，从此走上一条"奋五世之余烈，穷一生之皓首"的

图6-3 顾祖禹画像

舆地学研究之路。要写成这样一部纵贯历史、总揽全国的开山之作，需要考查官修历史、地理、军事等方面的书籍。但是由于隐居不仕，顾家家道中落，藏书不足，也无力购书。父亲去世后，自顺治十六年（1659年）始，顾祖禹迫于生计，靠做书塾先生艰难度日。"早起鸟啼先，夜眠人静后"，起早贪黑地刻苦读书。住在胶山黄守中家里，"月得脩脯只六金，以半与妇，俾就养妇翁家，余尽市纸笔灯油"。[1]微薄的束脩（学生学费）一半交妻子维持家用，一半买纸笔灯油等日用品，无钱买书，读书只能靠借。顾祖禹曾寓居钓渚渡，投靠范贺（字鼎九）。关于这一段经历，单学傅在《钓渚小志》里记载得很精彩："范鼎九贺，际乙酉之变，闻野哭声，迹之，乃芦苇中小舟二人，问姓名，一为顾祖禹，一为黄守中，皆锡山豪杰，遂共酾酒祷天，大哭于云庆桥而订交焉。顾尝游耿逆之幕，不用而去。纂《方舆纪要》，成于鼎九家者大半，故亦自号宛溪子，以钓渚稍西即宛山荡也。"这一段记载的是，范贺在芦苇荡中偶遇顾祖禹和黄守中，因为大家"情投意合"而结交成友。顾祖禹凭借一面之交的友谊，在范贺家完成了其传世名著《方舆纪要》的大部分书稿。

他抱着反清复明的愿望，以著书立说为手段，想匡复亡明，"盖将以为民族光复之用"。顾祖禹严格遵守写作计划，每天必须写好规定条目，即使再忙

---

[1]［光绪］《无锡金匮县志》，卷四十，《杂识》。

也要完成。他治学严谨，从不轻信一家之言，对于书中记载不够详细，或者记述矛盾的，他都要加以核实。对于一个连生活都成问题的穷人，无法远游实地考察，只能依靠书籍互相查证，或者向途经的客商和军旅回来的人们当面请教，如有可能就徒步亲自查看。康熙十三年（1674年），南方"三藩"吴三桂、耿精忠、尚之信（尚可喜之子）起兵反清，顾祖禹只身入闽，投靠福建靖南王耿精忠，参加恢复明朝的兵戎，欲借其力达到反清复明的目的。耿精忠不久又投降清朝，顾祖禹只能悄然回家，继续撰写《读史方舆纪要》。反清复明大计虽然失败，但却给了顾祖禹一次实地考察的机会，他一路遍访山川、关津、里道、城郭，与许多学者进行交流考证，这对他后来完成《读史方舆纪要》起了相当重要的作用。

康熙二十六年（1687年），徐乾学奉诏修《大清一统志》，因知道顾祖禹精通地理之学，徐便再三邀请顾祖禹参与《大清一统志》的编修，顾祖禹先不肯应聘，后考虑到入馆修志有机会接触大量珍贵的、民间难觅的史籍资料，故应允入修志局。据《顾祖禹传》记载，在此期间，顾祖禹利用工作之便，遍查徐氏传是楼藏书，为《读史方舆纪要》的修撰，积累了大量资料。从某种意义上说，参编《大清一统志》的经历，也助推了《读史方舆纪要》的进一步完善和提高，徐氏的藏书不但为《大清一统志》的编修之利用，也促使《读史方舆纪要》更加完备。修志结束后，徐乾学极力向朝廷保举推荐顾祖禹，顾祖禹知道后断然拒绝，甚至以死抗争，徐乾学见他忠贞不渝，也就没有勉强他。他始终坚持民族气节，不受清廷一官一职，毅然返乡，充分体现了封建时代读书人的气节操守。回到老家后，他日夜不停地撰写修订《读史方舆纪要》。从清顺治十六年（1659年）动笔，经过三十余年的笔耕奋斗，约在康熙三十一年（1692年）前，也就是顾祖禹六十岁左右时最终定稿，终于完成了这部一百三十卷、二百八十万字的《读史方舆纪要》，为后人留下了一部研究我国古代军事史、历史地理学领域具有很高学术价值的海内奇书。三十四年中，除了赴闽和修志外，他一直笔耕不辍，进行《读史方舆纪要》的写作和修订，反复不断地"误则正之，漏则补之，甚至削之"。此书综合叙述了山川的险易、古今用兵适宜的方法，以及历代用兵的得失，阐明了地理形势对战略决策的重要性，具有浓厚的军事地理学色彩。

顾祖禹逝于无锡胶山，葬于崇德里。后人遵从他的遗愿，墓碑上只刻有"处士顾祖禹墓"文字。他的《读史方舆纪要》，直到他死后一百九十六年方始刻印问世。

第二节 《读史方舆纪要》内容介绍

《读史方舆纪要》是一本很特别的书，既是历史地理著作，也是军事地理著作。原名《二十一史方舆纪要》，关于书名的由来，作者在《凡例》中有说明："是书以古今之方舆，衷之于史，即以古今之名，质之于方舆。史其方舆之乡导乎？方舆其史之图籍乎？苟无当于史，史之所载不尽合于方舆者，不敢滥登也。故曰《读史方舆纪要》。"从这本书的名字看，读史，说明这本书与历史有密切的联系。那"方舆"是什么意思呢？舆在古汉语中用来代表疆域，方舆指地方政事。顾祖禹的这个方舆包含很广，这个地方有哪些城市村邑，有哪些河流沟渠，经济如何？还有军事屯田、马匹产量、盐铁流通、地方特产，等等。他是把关系国计民生的重大问题都包揽在里面的。

《读史方舆纪要》一共一百三十卷，因为它的编写体例便于翻检，也可当作历史地理方面的工具书使用，至今仍是历史地理学者乃至研究历史、经济、军事的学者们必读的重要参考书。其中，"《历代州域形势》凡九卷，《南北直隶十三省》凡一百十四卷，《山川源委》凡六卷，《天文分野》一卷"（《叙·宁都魏禧》）。另外，末附《舆图要览》四卷。全书共一百三十四卷，约二百八十万字，舆图三十六幅，沿革表三十五份，地名计有三万之多。《历代州域形势》部分，主要是考证明以前各代州郡位置、形势及其与用兵得失和兴亡成败的关系。《南北直隶十三省》以明末清初政区为依据，凡两京十三省（直隶、江南、山东、山西、河南、陕西、四川、湖广、江西、浙江、福建、广东、

广西、云南、贵州）所辖府州县及疆域、沿革、名山、大川、重险、重关等，
一一加以叙载。每省开首则冠以序一篇，论述该区域在历史时期的作用地位，
由军事人事纷论而及于疆域山川险隘，以使全省形势洞彻清晰。以下府州亦仿
此论述，内容更为细密。至于每县则详载境内山川、城镇、卫所、关隘、桥梁、
驿站、古迹等地形地物。该卷以明代疆域和当时的行政区划为依据，记述各
省的府、州、县区划和形势沿革、各地历代发生的重要战争及兵家有关论述。《川
渎》部分，记山川源委、江河形势、漕河海运等。《分野》部分，记天文星野，
以与地理相匹配，"以备方舆之缺"（《分野序》）。《舆图要览》部分，由文字说明、
图和表三部分组成。文字说明，总论天下大势，分论各省形势，记述州县及
卫所数量、户口物产、兵员粮饷等情况；图，有舆地总图、京省舆图、九边总图、
河海图、沙漠图等地图；表，主要记府、州、县设置沿革、道里、山川险要、
关城、卫所设置等。

第三节 《读史方舆纪要》阅读指导

顾祖禹写《读史方舆纪要》的目的在于"寓深意于振兴华族"，纵观全

图6-4 《读史方舆纪要》序一

书，其最显著的特点，在于突破了一般地理书籍单纯叙述地理状况的局限，而把军事历史情况与地理研究结合起来。可以说，该书是一部极具参考价值与实用意义的兵要地理文献，是一部古代"规模最大、最有系统的国防地理巨著"。

首先，该书从战史角度研究地理。书中大量列举历代战例和许多兵家将帅关于地理环境与军事活动相互关系的论述，逐一分析各地的地理形势。在该书的历代州域部分中，作者综合考察了明朝以前各代州郡的位置、形势及其与军事进退之策及成败得失的关系。在各省方舆部分中，则按照明末清初的行政区域分述了十五省的府、州、县形势与沿革、区划，以及各处历代所发生的重要战争。这两部分形成了地理形势、沿革、区划与军事历史融为一体的独特著述风格。

其次，强调地理因素在国家战略中的重要作用。顾祖禹著述《读史方舆纪要》的主要目的是考察"山川险易"在战争中的地位和作用，所以十分注重军事的记述。着重论述州域形势、山川险隘、关塞攻守，引证史事，推论成败得失，"以古今之史，质之以方舆"。难怪张之洞《书目答问》将它列入兵家，评论说："此书专为兵事而作，意不在地理考证。"作者根据"地形者，兵之助"和孙子"不出山林、险阻、沮泽之形者，不能行军"的古训，认为地理环境，如地表形态、山川险易、道里迂直等自然因素，不仅对战争的攻守进退具有重要的作用，而且在战略上也具有指导意义。作者认为只有了解边防的地理情况，才能懂得军队在哪里驻守，应采取哪些防御措施。各司府官员只有了解地理形胜，才能知道哪里征收多少赋税，哪里可屯蓄军资。地方治理官员只有了解地理概貌，才能知道管辖地区的城池交通、山川湖泽及其给农业带来的利害。就是普通百姓常年奔走，也应知道水陆交通的情况。作者特别重视战时地理知识的重要，并以历史上的正反事例来论证："先知马陵之险，而后可以定入魏之谋。先知井陉之狭，而后可以决胜赵之计。不然，曹瞒之智，犹惕息于阳平；武侯之明，尚迟回于子午。"

最为难能可贵的是，该书重视地理因素的重要作用，但又提出地利不可

"全恃"（完全依赖）的辩证思想。强调要灵活地运用有利的地理形势，做到"人""计""险"相结合，主要在"得其人"。作者以函关、剑阁为例来说明"得其人"的道理："函关、剑阁，天下之险也。秦人用函关，却六国而有余；迨其末也，拒'群盗'而不足。诸葛武侯出剑阁，震秦陇，规三辅。刘禅有剑阁，而成都不能保也。"（《总叙二》）认为设险的地利固然重要，但更重要的是要有合格的指挥员和过硬的部队去防守，"金城汤池，不得其人以守之，曾不及培塿之邱（注：小土包），泛滥之水；得其人，即枯木朽株，皆可以为敌难"。

第四节 《读史方舆纪要》延伸阅读

顾祖禹去世后，一开始顾祖禹的家人并不轻易将书稿本示人，后来实在是无法度日，才出售书稿抄本。随着各种抄本的广泛流传，后来又逐渐出现了刻本，而且出现了多个版本。可见该书非常受欢迎。究其原因，在于该书一百三十卷，很宜于装点门面，加之图文并茂，所以逐渐得到两种人的青睐，一种是以大部头的书装点门面的士绅，另一种是以读书、藏书为乐的有钱人。为了满足市场需要，《读史方舆纪要》的版本刻印非常精美，有的附图都做成对开的彩页，极其适合藏书家把玩，同时也使该书身价不菲。然而，在这热销的背后，却是一种文化的寂寥与悲哀。因为顾祖禹当年呕心沥血，历经34年才写出这部书，绝不是用来装点门面的，更不是供人把玩的。其一番通古鉴今、经世济用的志气竟最终湮灭在藏书家的把玩里，不能不令人唏嘘。

1840年，列强用坚船利炮打开中国的大门后，中国面临"三千年未有之大变局"，许多爱国志士积极寻求抵御外国侵略之道。此时，《读史方舆纪要》中的许多精辟战略理论，以及数以千万计的生动战例日益引起人们的关注，它的军事特色也越来越被人们所认识，于是该书一再刻印，却仍然供不应求。

从道光十八年（1838年）至光绪三十三年（1907年），其间各种刻本竟达十几种之多。此后，商务印书馆又出过铅印本，新中国成立后中华书局还二次据此重印，版本之多，流通之广，绝非一般历史地理著作所能比。

抗日战争期间，《读史方舆纪要》被日本人发掘出来，成为他们攻打中国使用的军事地理参考书。侵华的日军之所以能够快速突破中国防线，迅速南下进攻南京，一部分原因在于他们轻松躲避了中国军队的正面防线，而这条能躲避国军正面突击的路线在《读史方舆纪要》里便有清晰记载。可叹的是，当时中国的指挥上层，对这一点竟全然不知。

《读史方舆纪要》不仅是一部军事地理的专业书，该书还非常注重联系实际，尤其重视有关国计民生的问题。顾祖禹认为，舆地之书不但要记载历代疆域的演变和政区的沿革，而且还要包括河渠、食货、屯田、马政、盐铁、职贡等历史自然地理和历史经济地理的内容。从一开始撰写《读史方舆纪要》他就对此十分重视，但后来由于各种原因，原稿多有散佚，加上"病侵事扰"，顾不上补缀，但其大略亦能"错见于篇中"。他在论述各地的地理形势时，尽量做到地理与历史紧密结合，相互印证，使历史成为地理的向导，地理成为历史的图籍。出于经世致用的目的，顾祖禹对有关国计民生的问题十分关注，详人之所略，略人之所详，这也是《读史方舆纪要》有别于其他地理著作之处。例如，由于黄河治理是历代难题，直接影响国计民生，因此，顾祖禹在《读史方舆纪要》中大量辑录前人治水的主张，以留给后人借鉴。他十分赏识潘季驯的治河方针，认为"以堤束水，借水攻沙，为以水治水之良法，切要而不可易也"（《读史方舆纪要》卷一百二十六）。

由于《读史方舆纪要》的史料和学术价值较高，历来为兵家所重视，被誉为"千古绝作""古今之龟鉴、治平之药石"。清代学者张之洞称它是"专为兵事而作，意不在地理考证"。近代史有人称它是"规模最大亦最有系统国防地理之名著"。《读史方舆纪要》至今仍不失为研究军事历史地理的重要参考文献。今天，在学习和掌握军事历史和地理知识的过程中，认真读一读这部著作，对于我们了解明清时期的地理形胜和研究探讨地理环境对军事行动的影响，有

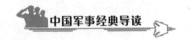

着重要的参考价值和借鉴意义。尤其是顾祖禹治学严谨，考证精详。为了编撰这本巨型历史地理著作，他先后查阅了"二十一史"和一百多种地志，旁征博引，相互印证。同时，他也尽其所能地做实地考察，纠正了前人的一些重大错误。当然，由于时代的局限，作者的地理和军事观点反映当时的疆域形势和兵器条件，在一些观点和认识上还存在着一些不足之处，如消极防御的观点、反清复明的观点，在民族问题和地理方面也有若干错误，阅读时应注意鉴别。

第五节 《读史方舆纪要》相关战史

日本侵华战争中，日本陆军参谋总部十分重视《读史方舆纪要》。"战时行军，多行其意。"可见，虽然岁月更迭，山川形胜仍未有大的变化。当时日本军方特别注重两部书的研读，一部是《读史方舆纪要》，另一部是《大清一统志》。后者名为徐乾学编修，主事者其实是作为幕宾的顾祖禹、阎若璩、黄仪、胡渭四人。而其中的军事指导和方舆考证主要是由顾祖禹主持。所以日本人把这两部书作为将领的必读书，确实是下足了知己知彼的功夫。很多日军将领对这两部书，简直可以说是达到了烂熟于心的程度。

日本的学术界也加强对这两本书的研究。钱穆先生早在抗战前就注意到，泷川资言写《史记会注考证》，提到地名必引《纪要》，而且是反复征引，不厌其烦，"必为其入侵吾国之野心者所发起"（钱穆《八十忆双亲·师友杂忆》）。

1937年中日战争全面爆发后，日军在北线用兵，不从北面攻北平，而是先集中兵力取南苑，然后自南向北席卷二十九军。其南下追击，避开铁路，而以子牙河与大运河为补给线，用兵路径出乎守军意料之外。其入晋，先取阳高和三千户岭，再攻天镇，兵不血刃而陷大同。再取道平型关入晋中，以第五师团自北向南攻忻口，威胁太原正面，继之以第二十师团、第一零九师团主力和第一零八师团部分兵力自东向西，由河北入山西，取道娘子关，袭太原之侧背。

其在南线用兵，于淞沪会战后期登陆杭州湾夹击我军侧背，取胜后向南京方向追击，除以一路向"长江—太湖"之蜂腰地带做正面推进外，更以一路在海军支援下沿长江推进，一路经太湖之南向南京做外围包抄，再以一路兵济舟横越太湖，迂回攻击我既设国防线之后背。得手后，仍兵分数路，在制空权和制水权的支持下，以大迂回姿态分进合击，先在外围断我南京守军去路，再向南京城展开向心突击。其中一路部队甚至已经迂回至长江之北。

日军此类行动的背后，首先固然是学自德国的军事地理和外线作战理论，但也不乏来自《读史方舆纪要》的中国传统地学智慧。顾祖禹早就告诫国人，苟有备而来，用"乡导"已是末节。当时日军手中的中国地图普遍比中国军队使用者还要精确详细。反观中方，南口战役时，中国军队所使用的地图，竟然出自清光绪年间，距其时整整四十年。更糟糕的是，清朝还没正规的测绘学，所谓地图，跟县志里的城防图差不多，无非是某个文人或者小吏在实地考察一番，然后回到斗室凭借记忆，写意地画下山川地形胜而已，距离、高度、水深皆无。这种地图甚至还不如《读史方舆纪要》。拿着这种地图上阵打仗，经常差之毫厘，谬以千里，要到东，它可能指你到西，要到西，它可能指你到东。即使此种地图，还不是每个军官都有，必须是团长以上。与中国军人手中的地图相比，日本军人所使用的地图却极其精准，连小村庄和单家独户的房子都标注在上面，长城上哪里有碉堡更是画得清清楚楚。

第七讲

《筹海图编》

第一节 《筹海图编》背景介绍

1943 年 11 月底，中国、美国和英国的元首，集聚埃及首都开罗，举行了一次讨论制定联合对日作战计划和解决远东一系列问题的国际会议，之后签署了影响深远的《开罗宣言》，为中国的领土完整奠定了基础。会上，三国元首为钓鱼岛的归属问题展开了激烈的争辩，最后因为在明代郑若曾著述的《筹海图编》中有一幅《沿海

图 7-1 《筹海图编》内页

山沙图》，清晰地划定了大明王朝的海域示意图，白纸黑字地证明钓鱼岛早在 500 年前就属于中国的海防区域，才使得钓鱼岛的归属一锤定音。会上形成决议，在《开罗宣言》中写进了把"日本侵占中国的东北地区、台湾、澎湖列岛（包括钓鱼岛）必须无条件归还中国"的条款。可以说，是郑若曾的著作力挽狂澜，为钓鱼岛的中国属性做出了无可非议的注解。

明朝时期，我国海上贸易兴盛，沿海经济发展迅速，日本、东南亚乃至

---

* 本讲中所涉《筹海图编》的原文，皆以 2017 年中华书局出版的《筹海图编》为准。

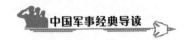

欧洲探险家被财富所吸引，明朝东南沿海一带成为他们追逐财富的利益场，一时帆樯如云，商旅不绝。然而，除了正常的贸易往来，也出现了海盗和倭寇在沿海附近肆意劫掠。嘉靖年间，海防废弛，倭寇肆虐，中国沿海一带百姓不堪其扰、苦不堪言。倭寇所到之处，生灵涂炭、十室九空。明朝海防安全面临严重威胁，甚至达到了岌岌可危的地步，可谓"备倭为第一义"。在中国沿海处于水深火热的情势下，明朝政府为了维持秩序，开始组织抗倭战争，广大军民与倭寇进行了浴血奋战，出现了一大批抗倭名将。许多仁人志士和有识之士都在深入思考解决倭寇侵扰的现实难题，他们积极研究军事和近海防御作战，提出了许多富有创意的新思想和新观点。

就当时的具体情况而言，《筹海图编》是1552年明朝嘉靖年间"壬子之变"的产物。当时，以王直、徐海为首的倭寇集团率百余艘巨舰直逼沿海，《明史》中详细记载了这次倭患："汪直勾诸倭大举入寇，连舰数百，蔽海而至。浙东西，江南北，滨海数千里，同时告警。"倭寇集团一路劫掠而来，沿海地区遭遇惨烈的掠夺，民不聊生。而明朝政府用于抗倭的图籍极度匮乏，仅有内容非常贫乏的《日本考略》，对日本基本情况的描述既简单又不完整，对于了解日本的基本国情和指导抗倭作战极为不利，难以满足当时抗倭作战的需要。在这种情况下，急需一本详细介绍日本国情和抗倭作战的著作，为解决当时倭寇频繁侵扰中国沿海的问题。

郑若曾下定决心要编撰一套图，一旦图成，"展卷在目而心划出焉"，就可以在海防图上谋划歼敌了。郑若曾收集了沿海郡县的图志，依据沿海卫所驻军的布防资料，考察沿海地形地貌，一方面绘制海防图，一方面编写图论。春去秋来，岁月更迭，郑若曾夜以继日，孜孜不倦，终于编成了中国历史上第一部从辽东到广东沿海的海防地图集——《海防一览图》12幅，后来改称《万里海防图》。

可以说，《筹海图编》就是在抗击倭寇的军事实践中应运而生的，旨在抵御倭寇入侵、筹划沿海海防，为维护中华民族海疆安全出谋划策，是中国早期专门论述海防战略思想的奠基之作。

关于《筹海图编》的作者有两种说法：一说为胡宗宪，另一说为郑若曾。经多方考证，一般认为该书为胡宗宪任总督浙江军务时，亲自担任主编，聘请郑若曾收集海防有关资料，由绍芳绘图并撰写，并且得到了抗倭名将谭纶、戚继光等人的鼎力支持。《筹海图编》最早提出了御近海、固海岸、严城守的海防战略理论，并且绘制了大量沿海地图和海防图，总结了明朝初年以来的沿海防卫经验。不仅对当时的抗倭作战有积极的指导意义，而且也为后世筹划沿海防卫提供了借鉴，是研究明朝抗倭作战的重要历史文献，在我国海防史上留下了光辉的一页，在世界海防史上也有着重要的地位。

郑若曾（1503—1570年），字伯鲁，号开阳，江苏昆山人，出身书香门第。嘉靖年间，郑若曾主持重修家谱，从修撰的家谱可以看出郑氏家族诗礼传家，门风纯正，清微淡远。他的祖先原住河南，宋建炎三年（1129年）资政殿大学士郑忆年率全家随高宗南渡，为昆山郑氏始祖。后代不再做官，改业医术，专精妇科。从此，家族中儒、医不绝。他自己好交有识之士，朋友也多为文武双全的俊杰。嘉靖十四年（1535年），郑若曾三十三岁，考取生员，进入府学，后又以贡生资格赴京师就读国子监，两次参加会试，均名落孙山，科举不利后从此无意仕进，回家乡潜心钻研学问，在家乡讲学。之后受到不少在朝要员的举荐，但都因为严嵩专权无法出仕。郑若曾注重务实之学，与诸文人"研磨实行，不角立门户为空言无补之学，所著书皆切实经济，不以文词为工也。"青年时师从魏校以及文武兼备的王守仁和湛若水，继承了这几位老师的学识和知行合一的务实学风。在《筹海图编》和《江南经略》两书中，他引用了魏校的主张"公赏罚、固海洋、散贼党、择守令、降宣谕"和王守仁的主张"足兵饷、公赏罚、慎招抚、行保甲、明纪律"。

他的研究涉猎非常广泛，包括天文地理、赋税兵机、政治得失，等等，是明朝著名的布衣军事家、战略家。当时，东南沿海地区倭寇横行，而地方官军"大者覆师小者陷阵，逡巡狼狈"，他目睹倭寇在故土的肆意妄为和霸道横行，深深为家乡生灵涂炭和动荡不安的境况感到心急如焚，也感愤于当时抗倭将领经常在不明敌情的情况下，贸然用兵，以致兵败。他认为造成这种状况的原因是明朝政府缺乏应对危机的深刻意识和相应有效的战略战术。为此，郑若曾和两个儿子一起搜罗志籍，考核边海，多方收集资料，询问熟悉日本国情的人，调查倭寇情况，于嘉靖三十四年（1555年）编好了《万里海防图》初稿。此时剿倭最高指挥官浙江总督胡宗宪命令各府州，要求各府州考核沿海海况地形，绘制地图，限时上报，由于没有现成的地图可报，苏州知府一筹莫展。这时，郑若曾交出《万里海防图》初稿，内有中国沿海图十二幅，"起自岭南，迄于辽左，计里辨方，附以考论"。苏州知府王道行非常高兴，立刻送报胡宗宪，胡宗宪看后与自己的海防实际比较指出，沿海地形画得比较正确，虽然对海岛的描绘出入较大，但用于沿海航行提供指导没有问题。后来这些海防图由苏州府刊行，给抗倭官兵作战提供极大的帮助，取得了不少成效。

此后，胡宗宪将郑若曾招罗于幕下，举用郑若曾参赞浙江、福建两省的军机事宜，于参赞军务之暇"搜括往昔、裒彙时事"，召集了许多熟知海上岛屿的人，还让郑若曾到海上去实地考察，在原有十二幅海图的基础上，增订汇补，编成《筹海图编》十三卷。在《筹海图编》"参订姓名"中列名的有七十余人，都是抗倭前线的文武官员。这样，描画的图就比在苏州编制的详备得多。郑若曾的这部书代表了明代研究中日关系史和海防史的最高水平。在担任胡宗宪幕僚的十几年间，郑若曾不仅仅为其出谋划策，还亲自参加了抗倭作战，积极收集海防资料，编辑而成《筹海图编》，记录了倭寇入侵中国沿海带来的严重隐患，描写了当时国不安、民不宁的历史史实，还总结了抗倭作战的成功经验和失败教训，为维护明朝海防的长久安全积极出谋划策。倭患平定之后，朝廷论功行赏，因郑若曾平倭有功，授予他锦衣世袭，可他坚辞不受，让他主修国史，他也没有接受，而是直接回到故里。嘉靖四十一年（1562年），郑若曾回乡，分巡苏松兵备道衙门聘他为顾问，咨询抚按经略，他将"所闻发明、宣述为图为论。俾后之司兵于吴者考而行之"。八年后，郑若曾在昆山家宅逝世，享年六十八岁。他的一生著述颇丰，多与军事相关，除了《筹海图编》以外，还有《江南经略》《郑开阳杂著》《燕台杂录》等，给后世之人留下了许多宝贵的精神遗产。

《筹海图编》可以说是中国封建社会时期最完备的海防图编，为抗倭战争的胜利立下了汗马功劳，全书背后隐藏着绘图者想要远洋出击与近洋防御协同的海防思想，作者也因此成为我国近代海防思想的开创者，为后人留下了丰富且宝贵的资料。此外，这本书还是研究明史和中日交往史的重要文献。尤其值得关注的是，该书明确记载了钓鱼岛属于中国领土，不容置疑。

第二节 《筹海图编》内容介绍

嘉靖三十八年（1560年）平倭取得最终胜利。为了总结沿海抗击海盗倭寇的经验教训，颂扬以胡宗宪为首的抗倭将领的丰功伟绩，《筹海图编》在三年后付梓刊行。《筹海图编》引言中，郑若曾记述了胡宗宪和唐顺之等对此书的贡献，又以治病比拟治国，略显儒医本色。

按内容划分，《筹海图编》可分为大致四个部分。

第一部分是地形图。如第一卷含有《舆地全图》《沿海山沙图》《沿海郡县图》《日本岛夷入寇之图》，各地府境图等。其中《沿海山沙图》中包含有72幅地图，实际上是绘有岛、山、海、河流、沙滩、海岸线、城镇、烽堠等地物符号的沿海地形图。图文并茂，形象生动，幅幅相连，犹如画卷，一字展开。海中的岛屿礁石，岸上的山情水势，沿岸的港口海湾，沿海的卫、所、墩、台跃然纸上，甚为详备，有助于了解明朝时期沿海海疆的基本情况。这些地图以中国传统山水画的方式展现了南起广东与安南（今越南）交界，经福建、浙江、南直隶、山东至辽东鸭绿江与朝鲜交界的全部中国沿海地区的山川、岛屿、地形地物分布状况，包括了整个明朝沿海总体防御态势，"无微不具、无细不综"地描绘了约8500里海岸线，能详细了解沿海海岸的地形地貌和沿海守卫情况，让读者直观感受当时整个沿海戒备森严的防御态势和来自海上咄咄逼人的安全威胁。72幅图中包括广东11幅、福建9幅、浙江 21 幅、南直隶（今江苏省、安徽省和上海市）8 幅、山东 18 幅、辽东（今辽宁省）5 幅。各图均是陆地在下，海洋在上，符合站在岸边持图眺望海洋的视线方向。《舆地全图》可以视为当时的世界地图，类似于现代海图中的总图。描绘了明朝的概貌、行政区划、山川湖泊、沙漠岛屿，还囊括了日本、朝鲜以及东南亚诸国。值得注意的是，在第一卷《沿海山沙图》内，清楚地表明钓鱼屿（钓鱼岛旧称）属中国福建省海防区域。作为最原始的地图记录，《筹海图编》已经毫无争议地标明钓鱼岛不仅为中国最早命名，而且也是中国最早进行管理和防卫的。

第二部分是抵御倭寇情况记载。如第八卷按照编年记录了嘉靖以来惠潮、漳泉、温台、宁绍、杭嘉、苏松、常镇、淮扬各地倭寇入侵沿海各地的情况。第九卷记载了抵御倭寇的情况。此外，还记录了倭寇劫掠我国沿海的历史史实，包括侵犯的时间和侵犯路径、乘坐的舰船、使用的武器和作战战术等，使人们能够掌握倭寇来犯的基本情况，为抗击倭寇做好充分的准备。这一部分中还有像望海埚之捷、王江泾之捷、后梅之捷等明军对倭寇的十六次重大战役，第十卷记述了抗倭军民遇难情况，包括不甘倭寇蹂躏而自尽的烈女贞妇。还有《寇踪分合始末图谱》，包括时间、地点、头目和明军将帅及战果，总结倭寇入侵闽广、直浙和山东的三条主要路线。

第三部分是介绍中日关系。此部分介绍了明朝初年以及明朝以前中日交往的一些情况，记录了日本的基本情况，保存了大量研究中日关系发展的原始资料，资料翔实，有较高的史学价值。对此，王守稼等人在《研究明代中日关系史的珍贵文献——兼评复旦藏嘉靖本〈筹海图编〉》一文中就表示，直到清朝中叶以前，凡是研究日本及中日关系史和海防史的人，基本都会以《筹海图编》作为重要的研究资料。如第二卷中，包括《王官使倭事略》《倭国朝贡事略》《日本国论》《日本纪略》《倭船》等内容，详细记录了从曹魏时期至明朝以来中国与日本的官方往来历史，尤其是明朝时期的重要往来事件记录得更为详细，还记录了汉武帝时期至嘉靖年间的朝贡事宜、朝贡方式和进贡物品等，叙述了日本的海上航海路线，以及日本地理状况、行政区划、人口语言、风俗习惯、武器战术等，提出修复海防体系断绝接济倭寇的策略有助于了解中日交往的情况、日本的基本国情和作战情况。其中包括太仓、福建两地至日本的航海图和《日本国图》。《倭国事略》记载了日本的地理地势、官吏制度、岛屿；《倭船》除写了中日两国船只的区别外，还叙述了倭船来华时淡水的处理方法；《寇术》比较详细地记载了倭寇的常用伎俩。

第四部分是相关军事情况介绍。此部分详细记载了抗击倭寇的战略战术，包括用兵、守城、剿抚、使用的兵器和战船等情况。如兵器中，还专门研究了日本兵器，特别是日本刀；记载了国外兵器"佛郎机"的传入。建议官府开局煎硝，留为军需物资，不许民间私自煎熬火药，限制沿海商民出口焰硝，防止敌人制造火器。其中第三卷至第七卷中主要是自广东至辽阳的沿海山沙图，记载了各地的防守情况、兵力部署、防范设施、海防情况及紧要事务，有助于读者了解沿海各省的地理地形、海防设置和抵御倭寇的方略。第十一至第十三卷为经略卷，汇总嘉靖时期各级将领和有识之士对海防建设的思考，分类辑录了朝臣将帅御倭的言论，共分三十三类，以备决策参考。

除以上提到的内容之外，《筹海图编》还对当时的互市和海外贸易等情况进行了调查研究和分析，努力从军事与经济的相互关系的角度探讨海防的重要问题。强调掌握潮汐规律对水兵海战和海岸行军的重要性，提出万里海防的概念，即把广东、福建、浙江、直隶、山东沿海各省作为海防前线整体来看待，是我国首次提出完整的海防思想。在战略战术上确定以攻船为上，其次则靠火器。也分析了日本并非全民皆盗，倭寇只来自少数地区，国内的不法之徒也追随倭寇，加重了祸害性。

作为一部抵御倭寇、加强海防的重要著作，《筹海图编》通过一百多幅地图展示了明朝时期中国沿海海岸和海域的地理形势。不仅详细记载了其中的重大战役，还留下了许多我方军民在抗击倭寇中殉国殉难的感人事迹，总结了明朝以来海防和抗倭斗争的经验教训，既是对中华民族抗击倭寇实

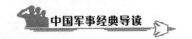

战的总结，又有力地指导了后续抗击倭寇的斗争。

第三节 《筹海图编》阅读指导

郑若曾可以算作明清两代非常重要的军事家。其一，因为他身处倭寇最猖狂的时代，运用世界地理知识对日本及周边国家开展深入而广泛的研究，制定了一系列御倭的方略，并倡导全民抗倭，最终与戚继光、唐顺之等共同平定了倭寇之乱。其二，《筹海图编》是中华民族军事发展史上的重要海防著作，具有极高的军事价值，不仅对当时明朝抵御倭寇有重要的指导意义，而且对后世的海防建设有深远的影响。郑若曾第一次提出了完整的中国近代海防思想，反对一味地拘守于海港，不敢出洋御敌作战，强调"防海之制，谓之海防，则必宜防之于海"。他鲜明地提出自己的观点，"欲航行于大洋，必先战胜于大洋"，仅凭这一点超前的理念，就可以算得上是一位卓越的军事理论家。他还制定了海中战法以攻船为上，其次则靠火器的作战方案，订立了五十条海防策略，确保了明中后期东南沿海的长期稳定。可以说，自嘉靖年间该书问世至清末，没有一部军事著作能超越它。

在阅读《筹海图编》的时候，我们要重点注意它的四点重要价值。

第一，明确了明朝政府对沿海岛屿的管辖权。《筹海图编》正式明确了最常用的岛屿名称，也成为明朝政府管辖沿海岛屿的最原始的地形学记录，里面明确记载了鸡笼山、花瓶山、彭家山、钓鱼屿、橄榄山、黄毛山、赤屿等岛屿及其相关情况，这些岛屿既是浙江、福建沿海百姓和台湾民众前往捕鱼的渔场，也是明朝政府抗击倭寇必到的海域。这也为中国明确海洋主权奠定了重要的文献基础。

第二，为取得抗倭成功奠定了重要基础。《筹海图编》不仅有大量岛屿的记载，而且对这些岛屿的地形地貌进行了详细介绍，为抗倭取得成功提供了珍贵的海防资料。在此基础上，《筹海图编》还有对抗倭斗争的经验总结和得失分析，在实际抗倭作战中汲取经验，吸取教训，并且提出了许多切实可行的抗倭方略对策，倡导军事协同与经济贸易相结合、近海防御与远洋出击相结合、维护海疆安全与获取海疆利益相结合的海防思想和达到内外兼治的治理思想，代表了当时先进的思想理念，为当时抗击倭寇和海域治理提供了重要的支撑。

第三，意味着中华民族海权意识的逐步觉醒。明朝之前，中华民族的各朝各代更为关注的是陆地的安全，采取多种措施确保封建王朝的大一统，相对来讲，对海洋的关注较少，海权意识相对淡薄。自明朝后期以来，面对倭寇的不断骚扰，中国沿海难以有相对稳定的环境从事各种经营活动，百姓的日常生活经常被干扰。在这种情况下，明朝政府必须采取措施抗击倭寇，加强对海洋的管辖，才能有效维护明朝的大一统和稳定平安。因此，在这种遭受外部力量侵扰的被动情况下，明朝政府的海权意识被逐渐唤醒，开始经略中国沿海广大海域，也为后世积极经略海洋留下了宝贵的经验。

第四，进一步丰富和完善了中国古代军事思想。郑若曾为当时江、浙、闽诸省军务总督胡宗宪之幕僚，因此该书在编撰过程中得以参考大量官方文牍，同时亦听取了胡宗宪本人及幕中众多智囊之士和海上亲历者的意见，加之郑若曾本人学识广博，且专注于沿海图编多年，对相关素材更是遍查经书，后又经实地验证，务求有体有用。所以《筹海图编》的编撰可谓众谋独断、详略力行，凡此种种亦保证了此书内容详核，见解精到，在当时具有极高的经世致用价值。其关于近海作战和加强海防的思想是中国古代军事思想的重要组成部分，进一步拓展和丰富了中国古代军事思想的重要内容。尤其是其中关于海陆策应、攻守兼施的沿海防御方略，御近海、固海岸、严城守的海防战略理论，针对军备废弛提出的可用的是"乡野老实之人"，招"可为海防之裨者"，练兵首要"练心"，使"人心齐一"的选兵、择将、加强训练的主张，以及针对倭寇来犯提出的"哨贼于远洋""击贼于近洋"等御敌之策，既是对明朝沿海防卫的经验总结，又对当时的抗倭作战提供具体的指导，也是对中国古代海防思想和军事思想的进一步完善和补充。

第四节 《筹海图编》延伸阅读

郑若曾除了编撰《筹海图编》一书之外，还著有《日本图纂》《江南经略》和《黄河图议》等著作，都对后世产生了极为深刻的影响。其中《江南经略》也是一本为抗倭而作的江防的兵书，可以说是《筹海图编》的姊妹篇。因此，在编纂方法上也有其特点，比如在编排次序上，按倭寇的进犯路径安排资料，"御寇之法，海战为上，故先之以海防图。海防失守，而后滋蔓及江，故江防图次之""倭舶自东南而来，华亭、上海首当其冲，次嘉定，次太仓，次常熟，故序海防以松江居前，苏州次之。其入江也，常熟首当其冲，次靖江，次江阴、武进，次丹阳、丹徒，故序江防，以苏州居前，常镇次之"（《江南经略凡例》）。在内容上和《筹海图编》互相补充，"杭嘉湖等府事宜之详，予已别载《筹海图编》，同志者合而观之，当互见矣"（《江南经略凡例》）。在书中郑若曾构建了一个内容包含海防、江防、湖防、陆防四个方面，地域涉及苏州、松江、常州、镇江四府的"江南防御体系"。《江南经略》专为当时抗倭而就，故多一时权宜之计。

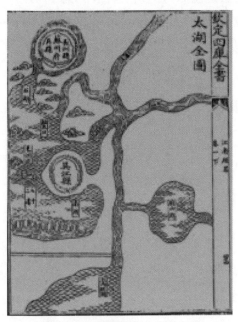

图7-2 《江南经略》之太湖全图

《江南经略》初刻于明隆庆二年（1568年），明万历四十二年（1614年）据隆庆本重刻，清康熙年间郑若曾子孙郑起泓、郑定远又行刻印，乾隆时收入《四库全书》。这四种版本现均存世。

《江南经略》初稿有图185幅，议论考证350多条，10多万字。删定成书为8卷，图136幅。书中叙述军事地理要素及其对军事的影响非常详细。其中对长江三角洲地理位置的重要性分析得很透彻，书中写道："谨按长江下流乃海舶入寇之门户也。溯江深入，则留都（南京）、孝陵为之震动，所系岂小小哉。故备御江之下流，乃所以保留都，护陵寝，至要至切之务也。"除记述江南的一般地理情况外，还分别叙述了不同地区的军事地理特点。书中还写道："常熟枕江带海，独具二者之防，比他邑为难。""吴县之所分辖者，西南二方也。多山少田，半为太湖……山险不足患也，所患者唯太湖耳。""今吴淞江自吴以西多淤塞而不通，凡太湖以南嘉湖杭之水悉入泖湖，从黄浦出海，其流反疾。故贼舟之入也……吴淞反为不便，势使然也。"

江南是水乡泽国，东面临海，海岸、岛屿、海底地形对此地区的军事行动影响巨大。为此，他亲自到太湖、浙江沿海、舟山群岛一带进行实地勘察。在调查的基础上，对海港的位置、水深、容舟能力、避风能力、潮汐变化，以及海港之间的航程、航时、航向等进行了全面记载。《江南经略》卷八载有《海程论》一篇，专门叙述海上定向、计更、定位、进泊、辨潮及预测天气等内容。

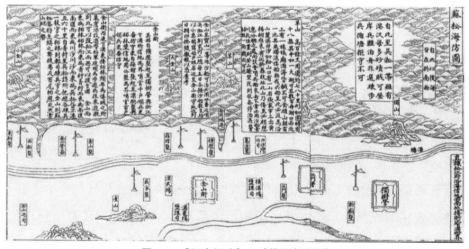

图7-3 《江南经略》之《苏松海防图》

当时，在海防策略上，存在着"御海洋"与"固海洋"之争。郑若曾认为，两者不应对立，应该统一，互相补充。他主张"海战为上"的思想，提出远海巡逻，近海歼敌，设置海上防线，他在书中写道："哨贼于远洋，而不常厥居；击贼于近洋，而勿使近岸，是谓之善体。"

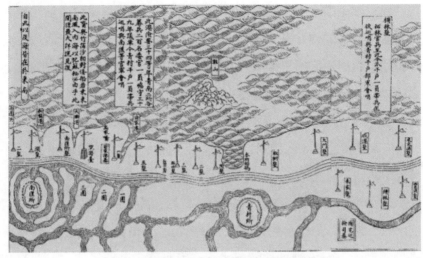

图 7-4 《江南经略》之《昆山备寇水陆路图》

郑若曾在广泛研究史料和实地勘测基础上著述的《江南经略》成为一代军事地理名著，其严谨治学的态度成为后世学者的楷模。

第五节 《筹海图编》相关战史

明朝开国时期士兵总数高达 180 万，这样庞大的军队，全靠老百姓供养是不可想象的，所以朱元璋采取了军户世袭制，保障了军队平时和战时都能正常运转，朱元璋曾得意地宣称："吾养兵百万，不费百姓一粒米。"这种方法在最开始确实起到了积极作用，但随着时间的推移，最终却只是养活了百万名集体农庄的农民而已。尤其到了明朝中后期，军户世袭制已经千疮百孔，重文轻武的社会风气、克扣军饷谎报军员的将领、祖辈身处边疆的士兵，都使得军户的大量逃亡成为常态。嘉靖年间，军户的逃亡率非常高，大量卫所形同虚设，就连滨海前线的辽东、山东、浙江、福建、广东的卫所都只剩下30% 的兵员。因为缺乏训练，将领和士兵的军事素质急剧下降，有的世袭将领连马匹都不会骑，连旗帜都弄不清楚，士兵更是纪律松弛，疏于操练，醉心屯田领饷，就是不想训练打仗，上阵一触即溃。前线官员章焕曾上疏皇帝，痛心疾首地描绘前线官兵说："上阵如同儿戏，将无号令，兵无纪律，往往隔着敌人老远开完火、放完箭就算完事，临阵脱逃、杀民报功，数不胜数。"

大明朝到了嘉靖年间，军事上早已江河日下。在北方边防面临着俺答的蒙古骑兵进犯，而海防也颇不安宁，光是一个倭寇问题，就困扰了明朝东南沿海几十年。

在如此时代背景之下，嘉靖三十四年（1555 年）夏天，明朝上演了历史上最屈辱的一幕"东南劫掠记"。据《明史·日本传》记载："倭红衣黄盖，率众犯大安德门，及夹冈，乃趋秣陵关而去，由溧水流劫溧阳、宜兴。闻官兵自太湖出，遂越武进，抵无锡，驻惠山。一昼夜奔百八十余里，抵浒墅。为官军所围，追及于杨林桥，歼之。是役也，贼不过六七十人，而经行数千里，杀戮战伤者几四千人，历八十余日始灭，此三十四年九月事也。"一伙百十人的倭寇从浙江绍兴虞县登岸，流劫浙、皖、苏三省，攻掠州县二十余处，遇到小县城就进行攻打，遇到官兵就进行搏杀，竟然杀死杀伤四五千官兵，攻克了杭、严、徽、宁、太平等州县二十余处，历时八十余日，横行一千多里，一直打到了南京城下。

六月，这伙倭寇从浙江省绍兴府上虞县爵溪所城登陆，之后攻击会稽，占领了一座居民楼，绍兴知府刘锡、所千户徐子懿分别率兵包围敌楼，但敌人趁夜色制作木筏由东河突围而出，还杀害了返乡的御史钱鲸。之后横行杭州府并劫掠于潜、昌化二县，杭州府城一阵恐慌。

之后倭寇西进，打到淳安县，再继续打出浙江，到徽州府歙县，徽州守卫关隘的 500 名官兵见到倭寇竟然全部逃窜。倭寇在南直隶一路劫掠，打到宁国府泾县时，再度击败知县丘时庸的队伍，"贼引西东犯江宁镇，指挥朱襄、蒋升率众迎拒，不能御，襄战死，升被创坠马，官兵死者三百余人"。这股倭寇打到南陵时，南陵县丞引 300 名官兵守城，倭寇冲溃守兵，冲进县城纵火焚屋。地方的正规军建阳卫指挥缪印和周边三个县府的官员率兵来援，交手时，官兵"引弓射之，贼悉手接其矢，诸军相顾愕贻，逐俱溃"。倭寇居然能手接飞矢，

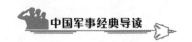

由此可见明军的弓箭手软弱无力到什么程度，也难怪四个县的正规军和地方民兵看到这样的神技后一齐崩溃。《筹海图编》记载："盖此五十三人者，滑而有谋，猛而善斗，殆贼中之精选，非常贼也！"一方是"贼中之精选，非常贼"，一方是"上阵如同儿戏"，难怪区区五十三人能横行一时。"一道（芜湖县丞）所率皆芜湖骁健，乃麾众独进，为贼所杀。"陈一道率领的芜湖骁勇兵士坚守国土，与倭寇作战，但全部牺牲。

倭寇接着北上到太平府芜湖县，此地市民与倭寇进行了激烈巷战，取得一定战果，"各商民义勇登屋以瓦石灰礶击之，贼多伤者，遂奔去，各商兵下屋生缚二倭，斩首十级"。于是剩下的倭寇改攻击太平府城，驻扎在太平府的江都御史史褒善派出乡兵对战倭寇，结果被打得大败。明军慌忙斩断护城河桥以作防守，这才使得倭寇放弃攻打府城，而是往北攻击，北部正是南京应天府！

南京是明朝的留都，是当时全国政治地位第二的城市，属于南方第一大都会，也是大明王朝的"副都"，守城兵力不下万余，周边卫所明军尚不计算在内。但就是这样几十个倭寇，居然大张旗鼓地进攻，上演了一幕以寡凌众的闹剧。事出仓促，而且对敌情一无所知，南京军民皆惊。南京最大的官员兵部尚书张时彻匆忙下令关闭城门，并命令百姓自备粮械，登城守卫。

此事的目击者，时任南京翰林院孔目的文人何良俊在笔记里愤愤不平地挖苦道："贼才七十二人耳。南京兵与之相对两阵，杀二把总指挥，军士死者八九百，此七十二人不折一人而去。南京十三门紧闭，倾城百姓皆点上城，堂上诸老与各司属分守各门，虽贼退尚不敢解严。夫京城守备不可谓不密，平日诸勋贵骑从呵拥交驰于道，军卒月请粮八万，正为今日尔。今以七十二暴客叩门，即张皇如此，宁不大为朝廷之辱耶？"当时，明代著名学者归有光也在南京城内科考，愤怒地感慨："平昔养军果为何？"

五十三人的"狼奔豕突"到最后也没能攻破城池。八月十二日，倭寇败退，在大批官兵的追击下，越过武进县境，抵达无锡慧山寺，一昼夜狂奔一百八十余里，"贼疲定望亭，次日至浒墅关"。苏松提督曹邦辅、副使王崇古率领金事董邦政、指挥张大纲、把总娄宇等，督率数千官兵布下了天罗地网。

在陆上、太湖边都布下重兵。以逸待劳的官军终于和倭寇正面接战了，在曹邦辅的严令下，"士皆骨栗，殊死战"。吴林庙猝然相遇，官军奋勇上前擒斩了二十七人，剩下的倭寇逃走到灵岩，夺了几艘民船计划从太湖逃窜，不料见到太湖上的官军船只旗帜，没敢渡，步行到了横泾前马桥，躲进民舍。

官军团团包围民居用火攻，倭寇抵挡不住，拼命杀出一条血路，跑远并四散藏在田禾中。官军四处找寻不得，都以为逃走了。一个官军头目用手摸了摸地上一具倭寇尸体，发觉还有余温，知道倭寇没逃远，看见田里"草露微动"，就让手下齐声大喊："贼人躲在田里！"听闻官兵呼喊声，躲在田禾中的倭寇大惊奔出，被悉数擒杀，无一人逃脱。明军经过血战，付出极大伤亡后，终于全歼这支倭寇。至此，闹剧才告一段落。

事后，嘉靖令张时彻、南京兵部侍郎陈洙皆罢官回乡，沿途各个州府长官的功过被一一处理。最终处罚兵部尚书一人，兵部侍郎一人，知府三人，府通判一人，府推官一人，府知事一人，知县三人，县丞一人，卫所军官四十六人，合计处罚文武官员五十八人，震动整个官场，可见当时明朝中央的震怒。这件事就好比一柄锋利的尖锥，刺进了明王朝这头臃肿懒散巨象的中枢神经，让世人惊醒，嘉靖时期的海防已经到了非整顿不可的时候。

第八讲

《曾胡治兵语录》

第一节 《曾胡治兵语录》背景介绍

作为我国近代军事史上一部著名的语录体兵书,《曾胡治兵语录》被称为"中国十大兵书"之一,全书共 12 章,1.4 万余字。该书由我国近代著名军事家蔡锷编录,将我国晚清时期湘军统帅曾国藩与胡林翼的军事思想、治军战略进行了全面且系统的总结。该书曾被用作黄埔军校的必选教材,现今它是众多中外企业推崇的一本管理经典。

清宣统三年(1911 年)初,在云贵总督李经羲盛情邀请下,蔡锷出任云南新军第十九镇第三十七协协统一职,负责训练新军。蔡锷初到云

图 8-1 蔡锷

南时,云南西部的片马地区正遭到英军侵犯,英军的入侵激起边疆各族人民的义愤和反抗,一方面,他感到军人为国尽忠的时候到了,但另一方面,在

---

* 本讲中所涉《曾胡治兵语录》的原文,皆以 1987 年解放军出版社、辽沈书社出版的《中国兵书集成》为准。

多年的军旅生活磨炼下，他对新军也有了更加真实的感受与了解。他认为，新军不仅风气败坏，且在纲纪上也处于废弛状态。"基础已坏……决非一二人之力所能奏功"。在此现状下，他很想为改变风气、鼓舞士气尽一份自己的力量，他坚信，唯有号召"多数同心同德之君子……激荡挑拨"。此时，时任第十九镇镇统一职的钟麟同于此时找到蔡锷，并向其提出了编写新军官兵"精神讲话"之请求。蔡锷一直对曾国藩、胡林翼的功绩及治军战略极为钦佩，更是对二人的军事才能大为推崇。在蔡锷的观念中，曾国藩、胡林翼两位的兵学思想与当前国家现状非常贴合，能够为中国近代军事发展提供非常重要的指导作用。于是，他就从二人的奏章、函牍和日记中选取语录，分类辑录，在某些方面对曾、胡的言论做了修正。同时，他将自身于江西、湖南以及广西等地进行新军编练过程中的有效经验，以及在军事教育实践过程中所获得的心得经验与曾、胡的言论有效整合，并于每一章节的最后添加相应的评语，将其进行分类编辑，创作了《曾胡治兵语录》，作为云南新军的"精神讲话"。他在书中强调要在新的历史环境和条件下对曾、胡二人的言论加以体会实践，并阐发了其军事思想，目的在于秣马厉兵，驱逐列强。

严格来说，本书的真正作者是两个人，一位是曾国藩，另一位是胡林翼。其中，曾国藩（1811—1872年），字伯涵，号涤生，湖南湘乡人，著名的军事家、政治家、文学家与理学家。曾国藩出身进士，精研程朱理学，总结历代军事思想，历任翰林院检讨、内阁学士、礼部侍郎、两江总督等，被誉为晚清中兴四大名臣之首。1853年，太平军攻打湖南势如破竹，引起了清廷震动。此时，曾国藩正丁忧在籍，皇帝下达了指派命令，曾国藩临危受命创建"帮办团练"，以此来阻击太平军。也就是从受命那一刻起，曾国藩弃文从武，兴办团练、招募陆军、新创水师军队，打造了一支极具规模和战斗力的军队——湘军。最开始，曾国藩率领湘军迎战太平军，并夺回了当时的战略要地——武昌田家镇，将长江上游牢牢控制在手。到了1856年，曾国藩及时把握住太平军天京内乱这一难得良机，一举再夺武汉与九江等地。此后，曾国藩升任两江总督，陆续将湘军分为三路进行反攻，顺利夺取浙江，在支援上海的同时围困了天京（今江苏南京）。1864 年 7 月，天京被攻破。清廷为表彰曾国藩所取得的军功，封其一等侯，加太子太保衔，成为清代以文人而封武侯的第一人。1865 年，曾国藩开始与捻军对战。自此之后，曾国藩又曾任职直隶总督以及两江总督之职。曾国藩于 1872 年在南京病逝，其去世后，被追赠太傅、谥文正公。著有《曾文正公全集》。曾国藩在创建和带领湘军的过程中十分看重选才，并在识人、选人、用人等方面积累了丰富的经验，对于现代军队及企业人才管理具有十分重要的借鉴价值。

胡林翼（1812—1861 年），字贶生，号润芝，湖南益阳人。胡林翼出身名门，父亲胡达源曾是嘉庆时期一甲第三名进士。作为晚清中兴名臣之一，他有文能定国、武能安邦之才。在湘军中，他与曾国藩齐名，时人并称"曾胡"。他极富谋略，领兵打仗，主张"用兵不如用民"。"用兵"只能解一时之急，得一时之功；"用民"才可解长久之困，享长久安定。太平军出广西后，所向披靡，清廷绿营兵节节败退。1853 年秋，湖广总督吴文镕奏调胡林翼赴鄂协办军务征剿太平军，任湖北巡抚，他带领湘军连续作战，小胜大捷不断，扭转了当时清军被动挨打的局面。可以说，这种胜利与他的"用民"兵略有关。同时，胡林翼也极具勇武气概，湘军善"扎硬寨、打血仗"，就是由他倡导发扬的一种尚武精神。他征剿太平天国的五大战役，回回皆胜，每次都是采取攻坚克难的打围战法。胡林翼与曾国藩并肩协作，八年征战，累立战功。1861 年 8 月，

图 8-2　曾国藩

图 8-3　胡林翼

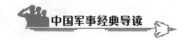
湘军攻下安庆，曾国藩将首功之荣记在胡林翼身上，加太子太保衔，给骑都尉世职。同年，胡林翼患病离世。去世后，谥文忠公，著有《胡文忠公遗集》。其治军思想也多反映在本书中，成为后世治军管理之参考。

可以说，曾国藩是一代"儒将"，而胡林翼在湘军中也属于核心人物，无论是实战经验，还是军事思想，两人都是极为丰富且十分优秀的。他们将实战经验融入优秀传统军事思想文化中，并进行不断总结和优化，在思考中总结，在总结中创新。应该说，曾、胡维护清王朝，从其思想言行角度分析，又极具经世致用之实效特性，且从实践中总结收获了非常重要的实效。

《曾胡治兵语录》起初只是作为云南新军的训练教材使用，未曾在社会上广为流传，1917年，蔡锷逝世的第二年，上海振武书局第一次将该书进行了公开出版，此后在社会上广为流传。作为蔡锷的老师，梁启超先生专为此书作序，以此进行推荐，"世知松坡之事功……功所由来矣"。该书于两年之后，由其云南重九起义之战友——李根源在当时的广州进行了重印。1924年，蒋介石为此书增补《治心》一章，该章为本书第十三章，这与《孙子兵法》十三篇的数量暗相吻合，名曰《增补曾胡治兵语录》，该书在增加了序言之后，将其当作黄埔陆军军官学校的学习教材，印发后以供军官学校学员学习之用，并强调了"愿本校同志……均有所本矣"。1943年，该书又被八路军军政杂志社进行了重印，名为《增补曾胡治兵语录白话句解》，并将其下发到作战部队以供部队学员学习之用。艰苦抗战中，该书同样被重庆青年书店大量刊印，并于重庆、西安以及汉中和衡阳等地备受推崇与流传，为全国军民抗战提供了重要的精神激励与精神食粮。新中国成立后，重庆青年书店刊印的版本被中央党校图书馆所收藏。近年，该书被解放军出版社、辽沈书社联合出版的《中国兵书集成》辑入。

第二节 《曾胡治兵语录》内容介绍

《曾胡治兵语录》前十章围绕置将、整军、训练等，论述治军中的种种问题。

在《将材》中，重点讲述了选将这一环节的重要性，并对将领所需基本素质进行了详细论述。曾、胡兴兵之际，时值晚清政治腐败最严重之时。不仅如此，腐败之风同样在军队中时有体现，无论是官军八旗还是绿营军队，将帅贪腐，士兵离心，军纪涣散。如此一来，在太平军急攻猛击下，溃不成军，屡战屡败。面对这一颓势局面，应如何反击挽救败局？曾、胡二人的认知理念是，用兵之前须先治兵，而治兵过程中首要重任是选将。《将材》章中选取胡林翼的"天下强兵在将"即为此意。根据《将材》相关表述不难看出，曾、胡认为，在治将过程中，首要重任是选将。因而，二人对将领有着非常严格的军事才能要求，并对将领提出了"才堪治民"的要求，也就是说，为将者不仅要做到文武双全，还要德才兼备。面对众多为将要求，最重要的是道德品质要求，务必做到"有良心、有血性"这一要求。蔡锷在本章后面的评语中，也以曾、胡二人由"儒"到"将"的成功转型作为有效的例证，来说明"良心血性"的极端重要。

第二章《用人》是《将材》篇的延续，实际上讲的是"树人"，强调长官要以身作则，为下级官兵做出表率。《用人》一章，曾、胡认为选人、用人要重视选拔，但更要重视培养和锻炼。用人不可求全责备，要扬长避短，善用其长，并指出用人不当带来的危害。

《尚志》《诚实》《勇毅》三章，均讲述了作为军人应当具备的各种修养、素质及素养。在《尚志》一章中，强调军人要有远大的志向，认为"兵事以人才为根本，人才以志气为根本"。《诚实》一章中，曾、胡提倡真实不欺、反对虚伪圆滑。曾国藩说："天地之所以不息，国之所以立，圣贤之德业所以可大可久，皆诚为之也。"胡林翼也认为："天下惟世故深误国事耳。"《勇毅》一章中，曾、胡所说的勇毅，非狭义的匹夫之勇，而是"鞠躬尽瘁死而后已"的大勇。

《严明》《公明》《仁爱》《勤劳》《和辑》等五章，主要讲述练兵以及带兵之法，还有相关原则。《严明》一章主要论述治军必须赏罚严明、令行禁止，"显以示之纪律，隐以激其忠良"。《公明》一章中则强调将帅行事必须出以公心，并且要知人晓事。如曾国藩所说："维持是非之公，则吾辈皆有不可辞之责"。《仁爱》一章中曾、胡认为治军要以"礼"为根本，带兵则以"仁"为首要。曾国

藩的"吾辈带兵,如父兄之带子弟一般",后来成了兵家要义。《勤劳》一章中,曾、胡指出"治军以勤字为先",要使其"耐冷耐苦,耐劳耐闲"。因为行兵作战难免遭遇非常人忍受之艰难苦痛,作为军人,唯有勤训练,方可攻坚克难。《和辑》一章主要论述军队的团结协作。曾国藩说:"湘军之所以无敌者,全赖彼此相顾,彼此相救。"

《兵机》《战守》专门论述战略战术中的一些重要问题。《战守》一章中曾、胡在攻守作战过程中,其重心放在主客之说方面,主张及时把握作战主动权。在论述防守过程中,重点强调进行重点控制,主张对枢纽重地集重兵进行严防固守。在二人的认知理念中,兵机处于时刻变化之态,因而在作战过程中,务必做到"奇""正"两相辅助,须以灵活应对。《战守》篇里,蔡锷总结了曾、胡的战略战术,以敏锐的眼光洞察当时世界军事发展的潮流,在评语中明智地提出"我国数年之内,若与他邦以兵戎相见,与其为孤注一掷之举,不如采用波亚战术,据险以守,节节为防,以全军而老敌师为主,俟其深入无继,乃一举歼之",为未来的抗日战争进程做出了相当准确的预测。《兵机》一章中曾、胡提出的主张是谨慎稳重,重点强调要做好准备再出战。此外,二人尤为重视士气的重要作用与影响,要重视养精蓄锐,做到以逸待劳。《兵机》《战守》两章,集中了曾、胡二人的重要战略战术思想理念,在这些章节中,所论述也多为用兵之策和作战攻守之谋。可以说,这两章中,曾、胡二人擅用古代军事理论之精华灵魂,并将其进行实践作战应用,进而总结出可行性的解决对策。另一方面,蔡锷在此二章结尾"按语"处,针对曾、胡二人的军事思想理念和西方近代军事思想两相对比,展开分析研究,并根据中国国情与近代战争特性展开分析,进而阐述了自己的军事理念与思想。由此可见,《曾胡治兵语录》一书从实质上主要论述了蔡锷对曾、胡治军思想的继承与发展,集中反映了其军事救国的爱国思想。

第三节 《曾胡治兵语录》阅读指导

全书简短精练，总计一万多字。在曾、胡二人观点的基础上，蔡锷阐述了自己的见解，相当于从实践中找出规律，又从规律中总结出较好的成功模式。所谓治军语录并非仅仅用于治军，还可以运用抽象的思维，将治军映射到别的方面，从中吸取养分用之于生活。

曾、胡的功业与其理学内蕴、道德学问是不能分开的。曾、胡以理学家的修养治平功夫，终成中兴股肱之臣，成就了丰功伟业，二人以自身丰厚的理学修养进行治军作战，形成了独具鲜明特色的治军作战战略方针。从该书的整体结构来看，正如蔡锷序言所述，之所以辑录《曾胡治兵语录》一书，最为重要的仍为推广曾、胡二人之"懿行嘉言"，并不是说他们在军事上的才能十分了得。在蔡锷所列的十一篇目中，唯《将才》《兵机》《战守》紧扣兵学立论，其余九篇几乎全从做人来阐述军人应具备的修养和素质，理学色彩十分浓厚。在阅读时，应注意体会书中蕴含的以下主要思想：

第一，坚持忠义血性的选将用人标准。

曾、胡兵学的出发点是从作为理学核心范畴之一的"人心"所展开。无论是曾国藩还是胡林翼，均为书生，却弃文从伍，对于二人而言，处于"军旅之事，未之学也"的艰险处境，面临太平军声势浩大、迅猛崛起，二人本身所处时代正处于风雨飘摇的末世王朝，他们别无选择，面对封建统治整体腐败堕落之困局，官吏贪赃枉法，唯利是图。此风波及军内，表现为将帅贪婪平庸、士卒望战而逃、军队战斗力低下。曾、胡认为军事衰败仅为表象，其实质为人心衰败。换言之，军事衰败并非可怕之事，最为可怕之事当属人心堕落。曾国藩在《尚志》中提及："无兵不足深忧，无饷不足痛哭。独举目斯世，求一攘利不先、赴义恐后、忠愤耿耿者，不可亟得。或仅得之，而又屈居卑下，往往抑郁不伸，以挫，以去，以死。而贪饕退缩者，果骧首而上腾，而富贵，而名誉，而老健不死。此其可为浩叹者也。"胡林翼强调："方今天下之乱，不在强敌，而在人心。不患愚民之难治，而在士大夫之好利忘义而莫之惩。"

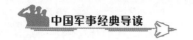

都有相同的思想理念。由此可见，要想力挽狂澜，将王朝衰败之势扭转并非单纯的军事问题，其根本是人心的问题。曾、胡由此认为，当务之急就是以"良心血性"来改变人心，唯有做到多选拔、任用忠勇热血爱国之士方可有效提升将士军民的使命感、责任感以及卫道精神，从而从根本上解决军事上的衰败。

第二，以"仁"为核心的带兵之道。

"仁爱"为儒学之核心思想。在此思想熏陶下，曾、胡将儒学健将进行了充分发扬，两位均尊崇孔孟之道，对儒学"仁爱"教义恪尽职守。即使在治军领兵过程中，仍坚持"仁爱"之念，将湘军打造成"仁义之师"，这番苦心是极为难得的。曾国藩认为："切不可使之因扰民而坏品行，因嫖赌、洋烟而坏身体。个个学好，人人成材，则兵勇感恩，兵勇之父母亦感恩矣。"同样备受儒学思想洗礼的蔡锷颇感赞同。在其认知理念中，曾国藩"带兵如父兄"，在此基础上，他结合自身广西练兵之所得所感提倡军营为军人第二家庭之理念，此家庭中，官长应对士兵如同"父兄之待子弟，虑其愚蒙无知也，则教之诲之；虑其饥寒苦痛也，则爱之护之；虑其放荡无行也，则惩戒之；虑其不克发达也，则培养之"的仁爱思想。如此一来，官兵关系必将和睦融洽，若能一致对敌，予以敌人沉痛之击。与此同时，蔡锷亦提出仁爱民众之主张。其具体表现在选录了众多曾、胡爱民的相关语录后，蔡锷认为"古今名将用兵，莫不以安民、爱民为本"，其解释为："兵者，民之所出，饷亦出之自民"，如果对民众进行扰害，军队将面对无根之树般的无依无靠的艰难处境。

第三，以"诚"字为本的治军原则。

"仁"在现实中的具体落实体现为"诚"。历代兵学中，诚信为将帅修养之义、带兵之法，曾、胡二人则将诚信推崇到世界观之高度。在曾、胡的认知理念中，"天地之所以不息，国之所以立，圣贤之德业所以可大可久，皆诚为之也"。"诚"字在兵学体系中的价值尤为凸显。

首先，其认为勤慎之根基在于"诚"，诚乃不败之基石，在曾国藩的认知理念中，"以诚为之本，以勤字、慎字为之用，庶几免于大戾，免于大败"。

其次，诚朴是最重要的评价标准，在曾国藩的认知理念中，"观人之道，以朴实廉介为质"。

最后，把诚实作为扭转虚伪世风及治兵的关键所在。正如胡林翼认为："近日人心，逆亿万端，亦难穷究其所往。惟诚之至，可救欺诈之穷。"

第四，以主待客、以静制动的军事辩证法思想。

对于曾、胡二人而言，其在用兵过程中谨小慎微。从战略角度分析，虽强调积极进攻、以攻为守的战略主张，甚至攻敌必救、追敌决战。可都极力避免兵力分散，也拒绝孤军冒进之策，通常将以守为攻作为战略决策部署，尤为戒令攻坚，重点强调谋定而后战，务必提前预留好稳妥之退路，做到稳步作战。

在战略过程中，曾、胡二人均擅长后发制人战略，尤为重视主客关系的随时变化情况。在其认知理念中，将攻方当作客方，将守方当作主方。在其战略中，湘军大部分采取守势，采取以主待客之战略方针，一旦对方攻至，既不放枪，亦不呐喊，反以列队静候之状，以弱诱敌，如果采取主动攻坚的战略举措，则会让自身处在不利的战略状态之中。

反之，太平天国后期，敌方已由盛转衰，太平军多采用守势的主兵位置，在战役中多采取固守城池之势。湘军则反成客兵驻军于城外。因而，曾国藩为改变这种主客关系的变化，采取"蓄养锐气，先备外援，以待内之自敝"的方法，以达到反客为主的目的。即命令攻城部队挖筑双层壕墙，以此将内层作为困守军之用，而外层则用以扼制援兵驰援敌军，通过长期围困方式将敌方援军锐气挫败，进而进行守军突围进攻。此法屡战屡用，其效甚巨。因而，将该战略称其得意之作亦不为过。湘军采用深沟高垒的作战方式极少出战，通过养精蓄锐来以静制动，以此来有效规避气衰力竭的处境，以免让敌方有机可乘。他从不打无把握、无准备之仗，"宁可数月不开一仗。不可开仗而毫无安排计算"。此种作战方法也有一些弱点，造成行军迟缓，用兵呆板，不利于打运动战。

第四节 《曾胡治兵语录》延伸阅读

蔡锷（1882—1916年），原名艮寅，字松坡，湖南邵阳人，著名爱国将领、民主革命家、军事家。1895年，蔡锷以不足13岁的年龄考中秀才，且成绩非常优异。此后，又考入湖南实务学堂，并以梁启超和谭嗣同为师。在其同班同学中，蔡锷是年龄最小的学生，可又能做到"每月月考，皆居前列"。1899年，蔡锷受其师梁启超邀请，东渡日本东京大同高等学校求学。求学一年后，蔡锷回国参与唐才常组织的自立军起义。但是，这次起义很快就以失败告终，蔡锷幸免于难，再次东渡日本。遭受师友遇难又处家国危亡之境的蔡锷决心走军事救国之路，入成城学校学习陆军军事知识，后又发奋努力考入日本陆军士官学校第三期。凭借着活跃的思维和优异的成绩，蔡锷与蒋百里、张孝准一同被称为"中国士官三杰"。1904年冬，蔡锷自士官学校毕业后，坚定回国，并辗转陆续于江西、湖南、广西以及云南等地进行新军训练。1911年，蔡锷被任命云南新军第十九镇第三十七协统领一职。后来，武昌起义爆发，蔡锷和云南讲武堂总办李根源等革命同志发起了昆明起义作为响应，并组织"大中华国云南军都督府"，蔡锷时任军都督一职。1913年，袁世凯将蔡锷调入京中，在中央政府担任多项领导职务。1915年，袁世凯称帝野心逐渐凸显暴露其外，蔡锷悄悄潜出北京，于云南组织护国军，开始实施护国讨袁活动。适时，蔡锷抱病之躯亲自带领护国军第一军在四川泸州以及纳溪等地与袁世凯展开激烈战役。在讨袁战役胜利之后，蔡锷任四川督军兼省长。1916年，蔡锷积劳成疾，于日本福冈不幸逝世。1917年4月12日，北洋政府在长沙岳麓山为蔡锷举行了国葬。蔡锷成为民国时期被国葬的第一人。蔡锷一生虽然只有短暂的34年，声名却享誉后世。他智勇双全、知晓大义，主张和笃行军队的使命就是护国佑民，军人要做国家利益至上的真诚爱国者。本书中蔡锷借曾、胡军事思想抒发治军之己见，望重塑军心，将新军进行严格整顿，训练成一支能够驱逐列强、救国图存的、具有战斗力的部队。

第五节 《曾胡治兵语录》相关战史

湘潭之战，太平军如何惨败于曾国藩？

中国近代史上意义影响重大的战役于湘潭城下打响，曾国藩组建的湘军大败势如破竹的太平西征军，攻取湘潭城。该战役备受交战双方关注，亦被后代历史学家们高度关注。时任曾国藩幕僚之宾的王定安在其《湘军记》中将该战役称为"湘军初兴第一奇捷"。此外，曾国藩对该次战役的评价是："（太平军）湘潭一股竟就扑灭净尽，则天下事大有可为。"作为太平天国名将的李秀成对此次战役的评价是"天国十误"之第四误。除此之外，后代众多历史学家对此次战役给出的评价是湘军快速兴起的关键之战。根据此次战役状况分析，太平军错失了湘军羽翼未丰之灭军良机。此后，湘军一步步发展壮大，成为难以战胜的强敌，这支军队于湘潭之战十年后，一举攻下太平天国首都天京，太平天国最终覆灭。

一、战役经过

1853 年，太平军攻克南京（随后改名天京）不久，就派出了西征军，一路沿天京逆流攻占九江和庐州（今安徽合肥），将武昌包围起来。随后，西征军又分成两队，主力围攻武昌城，剩下的另一队在石祥祯、林绍璋两人带领下，一路南下直击湖南。两军于岳州（今湖南岳阳）开战。此战，曾国藩领导的湘军主力大败。西征军乘势进军，石祥祯攻取靖港，对长沙北展开包围之势，林绍璋于宁乡将湘军一部打败，歼灭湘军千余人，进而南下转战湘潭，于 4 月 24 日成功攻取湘潭。此后，分兵两路，一路进驻渌口，用以阻断湘江水路，自南对长沙进行了包围。

4 月 25 日，林绍璋攻取湘潭次日，曾国藩对剩余湘军调整部署，命骁将塔齐布带领湘军主力南下进攻湘潭，而他则带领一部佯攻靖港，以此来实现牵制石祥祯部太平军之目的。

4月28日，佯攻靖港的湘军大败，曾国藩来此督战，深感羞愧，欲于铜官镇跳水自尽，幸被随从所救。湘军虽于靖港大败，但牵制石祥祯部的任务目标实已完成，致使林绍璋部孤木难支。

湘军主力塔齐布于4月25日进攻湘潭城北太平大营，战场在今九华、护潭乡、先锋乡一带。从地形地貌分析，该地带呈现连绵起伏的地貌特征，太平军在防御工事方面也多采用大块木头，于湘江处垒筑木城用以抵挡湘军进攻。湘军凭借强炮火攻支援不断进攻，终将太平军木城焚毁殆尽。此时的曾国藩身居长沙，听闻初战告捷，即刻又派遣彭玉麟、杨载福带领湘军水师助阵。与训练有素、装备精良的湘军水师相比，太平军的水军则是攻占湘潭后临时召集民船组织起来的，根本不是其对手。两军交战不久，湘军水师大胜，太平军水军近乎全灭，残余船只溃退文昌阁（现今的万楼）下。在此过程中，塔齐布带领湘军陆军与水军相互配合，猛攻城北太平军，在此迅猛围攻下，太平军四座木城全遭焚毁。林绍璋部兵分两路，一边以敢死队出城迎战湘军陆军攻势，一边以火船乘夜袭攻湘军水师，两方均未得偿所愿。面临颓势乱局，林绍璋不得不临时征调民船率军往湘江上游退撤而去。此时，湘军水师乘胜追击，于窑湾至下摄司江面激战，林绍璋溃败，率残部转由湘江西岸欲迂回湘潭，无奈湘军陆军主力早已攻占湘潭。5月1日，林绍璋带领残部从云湖桥转往宁乡，禄口太平军则经由醴陵以及萍乡等地一路往北退撤。几经激战，历时八天，湘军取得了湘潭大捷。

二、胜败原因

纵观湘潭大战，太平军溃败，其因如下：

首先，骄兵必败。此次战役中，在太平军中，无论是石祥祯还是林绍璋，均为洪秀全得力干将、金田起义之老将，在攻取南京、天京西征过程中一路横扫对手，清军八旗、绿营无不溃退。因此，石、林两员老将始终心存轻敌之心，并未正视曾国藩与湘军，认为曾国藩的湘军难以成事。因而在攻取湘潭后，太平军敢孤军无援深入强攻，此乃兵家大忌。

其次，兵力分散。在此次大战中，太平军入湘总兵力约为两万人次，从兵力人数上与湘军驻兵处于伯仲之间，若是集中兵力统一进攻亦有一定胜算。但是，采用分散兵力的策略失去了良机，石、林二人分兵驻守靖港和南下湘潭过程中贻误了最佳的战机，让曾国藩有机可乘，一边牵制石祥祯无法驰援，一边集水陆主力围攻林绍璋。林绍璋攻取湘潭还未站稳脚跟，迎面惨遭湘军水陆主力夹攻，失败伏笔早已埋下。

再次，缺乏后援。太平军从湖北南下，其战线长达千里之远，如此长的战线对于太平军是极为不利的，攻占湘潭之时已近强弩之末。又遇太平西征军主力处于围攻武昌的境地，无法南下驰援湘潭，石祥祯反遭牵制，援助无望。反观湘军阵营，长沙和湘潭本为湘军兵力大本营，无论是兵源还是粮源与弹药补给均非常充足，如此鲜明的对比下，太平军胜算必然微乎其微。

最后，武器装备悬殊太大。此次战役中，湘军作战的优势还表现在其火炮以及战船方面，太平军远战千里，不仅弹粮补给难以充足，水师也为临时征召民船所组建，实难与湘军相抗衡。

反观湘军，除了自身训练有素、装备精良，有效利用了太平军的劣势之外，关键还在于曾国藩指挥决策正确，捕捉战机敏锐。岳州失败后，曾国藩并没有丧失斗志，而是冷静地捕捉战机，等看到太平军错误分兵，战机出现时迅速调整部署，集中优势兵力一举击破湘潭的林绍璋军。可见战争中统帅的冷静头脑和迅速发现，以及抓住机会的敏锐性是何等重要，有的人只看到曾国藩在靖港失败后要跳水自尽，就嘲笑曾国藩没有实际军事才能，只不过会用人、能服人而已，这未免看轻了这位满腹韬略的曾大帅。

第九讲

《国防论》

第一节 《国防论》背景介绍

　　蒋百里，（1882—1938年），名方震，字百里。浙江海宁硖石镇人。光绪八年（1882年），蒋百里出生于浙江的一个大家族，祖父本是清代的藏书大家，但是在他年少的时候父亲就亡故了，一直与母亲相依为命，生活条件十分艰苦。所幸母亲杨氏重视教育并且通晓文墨，白天自己种地打零工赚取微薄的收入用以养家，晚上就在灯下教蒋百里写字读书。家族私塾里的老先生十分同情蒋百里的遭遇，让他免费在私塾听课，蒋百里才有机会表现出超人的聪慧才智。1894年，甲午海战，中国惨败，深深地刺激了蒋百里，他更加发奋苦读，立誓要为国效命。1898年，16岁的蒋百里考中了秀才，在好心人的资助下，获得了去日本留学的机会。但是他没有和一般留学生一样选择早稻田大学这样的名校，而是报考了日本的军校，希望日后有机会精忠报国。1901年，他入读日本陆军士官学校第三期，1905年以士官步兵科第一名的成绩毕业，得到日本天皇赐刀。同期毕业生的第二名是著名的蔡锷将军，两人均为中国人，这一点使得当年十分瞧不起中国人的日本学生引以为耻。从此以后，蒋百里

---

　　* 本讲中所涉《国防论》的原文，皆以2011年上海书店出版社出版的《国防论》为准。

名扬日本陆军军官学校。1906 年，蒋百里远赴德国开始学习德国的军事技术，并且在德国军队中任德国国防军第七军团见习连长，在一段时间内专心致力于战略战史研究。1910 年回国后，参与了一系列的革命，成为一名革命派。

图 9-1　蒋百里

　　武昌起义后，蒋百里担任了浙江都督府的总参议，之后，他被袁世凯起用，担任保定陆军军官学校的校长，他在就职誓言中宣称："方震如不称职，当自杀以谢天下。"[①]1913 年，因为用于校政改革的经费几次三番被政府官员挪用，他多次向陆军部申请款项，但总是被以各种理由推脱，即使是他亲自前往交涉也没有结果。面对军校举步维艰的困境，再回想起自己当初的雄心壮志，蒋百里渐渐心灰意冷。回到学校后，他给袁世凯发电报请求辞去校长职务，但是未被准许。6 月 18 日一大早，蒋百里集合了全校员工千余人进行训话，慷慨陈词："刚来到这个学校的时候我就说过，我要求大家做到的事情，你们必须做到，而大家要求我的，我也必须做到。而今天，我没能做到，应该自罚。教育为国家生命所托，不容一日落后，今日贻误青年者，即贻误国家将来，我身负神圣重责，却没有做到，希望能以一死净之。"话音刚落，当着全体师生的面举枪自杀，血染地坛，员生震惊，哭成一片。幸好卫兵见状不好，上前夺枪，使得子弹只是穿过肋骨，擦着心脏而过，救治也比较及时，慢慢地

---

① 陶菊隐:《蒋百里先生传》，中华书局，1948 年，第 37 页。

身体得以康复。后来，他还是辞去了军校校长之职。

图9-2　蒋百里与家人合影

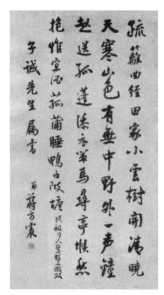

图9-3　蒋百里手书

　　1917年，蒋百里又担任了黎元洪总统府顾问。1919年五四运动爆发时，蒋百里正与梁启超在欧洲进行考察，以军事专家的身份随团前往。在欧洲时，他探究了政治、军事、经济、哲学、文学、史学多门学科。1920年春季回国之后，恰逢国内兴起新文化运动，他积极参与其中，是梁启超有力的"智囊"，不仅积极地出谋划策，更是亲自著书立说，身体力行，发表了一系列与文化相关的文章。1923年，他还与胡适一起筹建了新月社。

　　1931年"九一八"事变后，为了抗击日本帝国主义的入侵，蒋百里专心致力于国防理论的研究，集中发表了一系列文章，并且多次在各地做讲演。1933年以私人资格赴日考察，认为中日之间必有大战，并因此拟定了多种国防计划，奔走呼吁国民政府积极备战。1935年，蒋百里出任军事委员会高等顾问。1936年，至欧洲考察，回国后大力倡议发展空军。1937年夏，他以蒋介石特使的身份出访了意大利、德国等国，回国后发表了一系列文章，断定日本必败，中国必胜。同年9月，他将先前发表的相关文章、讲演稿以及早些年成书中的一些内容重新整理编排出版，名为《国防论》，经由上海大公报

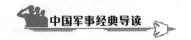
社出版之后，轰动一时，书的扉页上有一句题词："万语千言，只是告诉大家一句话:'中国是有办法的!'"这句话激励了无数中国军人。在之后的战场上，无数由保定军官学校和陆军大学培养出来的军官成为中国抗日军队中坚强的柱石，无数国防军子弟因受他的学说影响而浴血沙场。

图9-4 河北省宁晋县收藏的民国时期出版的蒋百里《国防论》

1938年8月—9月，抗日战争即将转入新的战略阶段。蒋介石提出让蒋百里出任陆军大学校长，为抗战培训高级军官。陆军大学校长一职原来一直由蒋介石自己兼任，他能主动提出由蒋百里担任，可以看得出蒋介石某种程度上对蒋百里的信任和倚重。蒋百里一再谦辞，后妥协担任代理校长，主持工作。不久之后，武汉陷落，陆军大学开始向贵州迁移。此时蒋百里的身体状况已经很差，但他在迁移途中还利用休息时间见缝插针地给学员们授课。11月4日队伍行至广西宜山县时，蒋百里突发心脏病，英年早逝，享年57岁。国民党政府后追赠其为陆军上将。最遗憾的是，他未能亲眼见到"东西战争合流"，中国获胜、日本战败的那一天。

究其一生，蒋百里一直专注于国防理论研究，在他的著作中透露出强烈的爱国精神和民族意识，宣扬民主革命，提倡民族精神，体现出浓厚的人民情怀，因此，他在民国时期就已经享誉中外，学说观点得到很多人的关注，被后人认为是杰出的军事学家和军事教育家。

第二节 《国防论》内容介绍

《国防论》全书约十万余字，共分为七篇，"国防经济学"的理念贯穿其中。蒋百里看到了当时社会上弥漫着一股萎靡自馁的风气，希望能凭一己之力，用这本书警醒国人，唤起大家对国防问题的关注，真正激发救国之志。

第一篇《国防经济学》，他充分分析了中国的实际，认为当时中国的经济实力较弱，要建立一种既可以吃饭，又可以打仗的国防制度。国防经济学是当时世界各国国防建设的潮流与趋势，蒋百里访问多国之后接触了最新的军事学说，结合中国实际，提出自己的观点。本篇也是《国防论》的核心内容。

第二篇《最近世界之国防趋势》，分析了世界军事之新趋势，提到了兵学革命与纪律进化的内容，并且以杜黑的制空权思想和鲁登道夫的总体战思想为例，简要介绍了国外军事领域的新观点。其中提到的"兵学革命"，类似于我们今天所说的新军事变革。

第三篇《从历史上解释国防经济学之基本原则》，是对于国防经济学的进一步解释，在此文中，蒋百里极力推崇"生活条件与战斗条件相一致"的国防经济学基本原则。

第四篇《二十年前之国防论》，主要介绍了政略与军略，国力、武力和兵力的关系，义务征兵制的内容以及军事教育的要旨。

第五篇《十五年前之国防论》，解释了裁兵与国防的关系，论述了军国主义的衰亡趋势，分析了中国的形势，还讲解了军民防御的积极意义，详细说明了义务民兵制，尤其提到了这种制度的优势。

第六篇《中国国防论之始祖》，借古喻今，借助对于《孙子·计篇》的解说，阐明了作者的现代国防理论。

第七篇《现代文化之由来与新人生观之成立》，主要是作者关于游历罗马的随笔文章，与本书主题并无太大关系。总的来说，《国防论》可以算作蒋百里一生成就的代表作，书中凝聚了其军事思想的精华，表现出其长远的战略眼光。

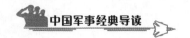

第三节 《国防论》阅读指导

综合分析《国防论》的内容,我们大致可以将蒋百里的主要思想归纳为六点:

一、富国强兵的国防经济学理念

蒋百里根据古今中外治军的经验教训,在研究了世界国防经济学之后认为应该在中国形成富国强兵的国防经济学。他归纳总结了国防经济学成立的基础,分析在于两个方面,一个是"生活条件与战斗条件相一致",认为这是国防经济学的根本。因为"生活与战斗本是一件东西从两方面看,但依经济及战斗的状态之演进,时时有分离之趋势。希腊罗马虽在欧洲取得文化先进美名,但今日继承希腊罗马文化的却并不是当年的希腊人罗马人,具有伟大的文化而卒至衰亡的总原因,就是生活工具与战斗工具的不一致"。并且举例说明,"生活条件与战斗条件之一致,有因天然的工具而不自觉的成功者,有史以来只有二种,一为蒙古人的马,一为欧洲人的船,因觅水草就利用马,因为营商业就运用船。马与船就是吃饭家伙,同时可就是打仗的家伙,因此就两度征服世界。有费尽心血用人为制度而成功者,也有两种,一为欧战时才发明,十年来才实行,西人的国家动员,一为中国三千年前已经实施的井田封建,他的真精神就是生活条件与战斗条件之一致。"

蒋百里看到了当下中国最紧迫的现实,找到了近代中国之所以一直衰弱的根本原因。在他看来,无外乎一切都"在于知识与行为的分离。读书的人一味空谈,不适事实;做事的人一味盲动,毫无理想。因此将我们祖先的真实本领(即经济生活与战斗生活之一致)丧失了"。他结合自己看到的一些官场光怪陆离的现象,指出有的人飞黄腾达的速度极快,大字不识的一个人甚至可以做到大元帅、督军。可能他们天然地具有一些管理能力,但并没太多的文化常识,如何能够担任管理国家的职务呢?另一个方面,他看到军内官场的一些不良现象,如在南京各军校做教官的,大概率终身都是教官,而完全没有办实事或者上阵杀敌的经验。为此,蒋百里特别提出,如果想要建设国防,有两个问题必须提前解决:第一,国防设备费怎么才能有益于国民产业的发展?正是因为我们太穷了,应该要让一个钱发生两个以上的作用。第二,怎样才能使学理与事实之间密切沟通?也就是我们所说的理论与实践的关系。蒋百里的这个思考,来自对当时国情的深刻洞察和分析,很实际也颇具说服力。

他还提到,"经济是一件流转能动的事实,所以从事实上求当前解决方法,是治国防经济学的方法"。他以第一次世界大战中德军为例,详细分析了德军的情况,认为虽然德军在战场上屡战屡胜,但最终却还是陷入了失败,根本原因就是国内经济的崩溃,以及因此而带来百姓强烈的不满情绪。希望借此说明,即使要发展军事,也不能因此而忽略了国计民生的根本。战争胜负很多时候不仅仅是看兵力、战力的优势,还要注重民心向背和经济实力。他还通过分析3000年前周公实行封建井田制的史实,举例证明了世界上最早发明国防经济学原则的是中国人。他认为,在西周时实行的井田制不但不是一种封建割据,恰恰相反,在某种程度上还是一种对于割据的打破。"封就是殖民,建就是生活(经济)战斗(国防)一致的建设。井田不是讲均产(在当时也不是一件奇事),是一种又可种田吃饭又可出兵打仗(在当时就是全国总动员)的国防制度。"西周时期,道路和渠道纵横交错,把土地分隔成方块,形状像"井"字,因此称作"井田"。井田属周王所有,分配给庶民使用。庶民在使用田地的时候,用一道道的灌溉沟渠及防水堤坝把田亩划分为一块块零散的田地,像这样的分法,一方面有利于日常的耕作,另一方面在战时可以用来阻挡来自游牧民族的骑兵和战车的入侵。所以,井田制其实实现了周人的基本生活社区和战斗单位的协调统一。蒋百里认为,正是因为做到了"生活条件"与"战斗条件"相一致,周朝才得以成功地延续了800年。蒋百里这种关于周朝井田制全新的阐释角度,之前从来没有人从这个方面去思考,因此给后人的启迪很深。

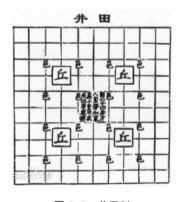

图9-5 井田制

二、全体性战争论

在蒋百里看来,全体性战争(即全民族战争)是一个世界范围内国防的总趋势。他认为国防建设的一个很重要的方面就是要建立一个全民总动员制度。这个制度最主要内容有:"在后方非战斗员的劳力与生命,恐怕比前线的士兵有加重的责任与危险""未来的战争不是'军队打仗'而是'国民拼命';不是短时间内的彼此冲突,而是长时期永久的彼此竞走"。他的观点是,如果一个国家只是尽力发展军队的数量用来打仗,那么时间一久经济就会有崩溃的危险,失败也将接踵而至。而只有实行全民皆兵的制度,让"生活条件与战斗条件一致",并且寓兵于民,才是符合国防经济学的。这样才能兵多将广并且常备无患。他还列举了普法战争和普奥战争的例子,同样证明了战斗力与经济力密不可分的道理。比如,近现代经济的飞速发展从轮船和铁路这两个方面开始,拿破仑没看出这两个领域有什么蹊跷之处,而德国老毛奇却敏锐地发现铁路在战争中大有作用,所以他把动员和集中(即战略布局)这两件事安排得清清楚楚。老毛奇运用分进合击的战略原理,以铁路作为工具,让他的大军在集结运输的过程中几乎没有受到任何阻挡,只用了七个星期就解决了普奥问题,两个星期就打到了巴黎,实现了德国在战略上的速决。以往也正是因为想要速战速决,所以许多军事家没想到国民经济在战争中也占有重要的位置,而把"生活条件"与"战斗条件"硬生生地分开了。后来法国在战后也增设了"动员局",又从老毛奇运用铁路的方法中受到启发,推陈出新地创造了"调节车站制",最终打败了"老师"。在这个过程中,法国人一开始吃了亏,马上就勤于反省,不仅肯虚心地模仿人家,而且还要青出于蓝地寻求新路。所以,蒋百里认为,经济力就是战斗力,把它命名为"国力"。而国力有三个元素,一是"人",二是"物",三是"组织"。他认为,在当时既有人又有物且有组织的国家只有美国;欧洲各国是有人、有组织但是缺少物,所以英、法拼命想要把持住殖民地,而意、德则拼命要抢殖民地;还有一类国家是有人有物但是缺少组织的,这就是战前的俄国。俄国在经历大革命之后,正在向有"组织"靠近。这就是当时世界军事的基本趋势。

三、义务兵役制与义务民兵制

在蒋百里看来，想要建国强兵，就必须推行义务征兵制，这是一项非常重要的国防措施。而成功的关键，在于"征之来矣，尤贵乎教"。要让兵员退役之后，能够"教而能归，归而能安，则有涉于国计民生之大本"。他这种观点，是把义务征兵制纳入了生活条件与战斗条件相一致的富国强兵的国防经济学的轨道中，认为这样才可以顺畅运行。他根据普法战争的历史得出结论，认为普鲁士的"佣兵制"最不经济实惠，而却隆霍斯脱确定的"义务兵役制"才是势在必行。这其实同样是一种国防经济学思想。他在《义务征兵制说明》这篇文章中指出，兵在于精，而不在于多；兵力之大小，不在于数量，关键在于品质。如果和对手的兵力精度相当，如何求胜呢？他认为："数等者求其质之精，质等者求其数之多，这是自然之势也。"兵员，既要精，也要多，但是国家经费往往有条件限制，不可能超过合理的范围。所以，一定要实行义务兵役制。单纯从军事的目的来看，征兵制的优点在于可以用少量的经费获得更多数的军队，而又能不损失兵员的精度质量。他这样分析义务征兵制的优点，可以说是恰到好处，较为中肯。

蒋百里指出，征兵的条件至少要满足五条，这五条不满足的话，不可以征兵。第一个条件是要征之能来，第二个条件是要来之能教，第三个条件是教之能归，第四个条件是归之能安，最后一个条件是临战状态下，一声令下，应声而即至。这五个条件就像串珠一样，缺少一个条件，就不能成为真正的征兵制。

军队由于与国防相关，驻扎的地方经常在通都大邑，而城市和郊县的生活程度，悬殊很大。兵员往往在一两年间，就习惯了奢华的生活，于是就有了厌薄固陋的思想。法、德两个国家就是这样，因为征来的兵已经不再适应农业耕种，所以出现了大问题，田园有荒废的趋势，工商业有中断的忧患。所以征兵这件事，一开始是强迫人来，然后又强行把人给驱散。不愿来，这

事容易解决；而不愿走，则不好办。如果勉强把人遣走，必然会造成后面的兵员无以为继，不能连贯。不但后面不能召之即来，还会有很多其他的麻烦。所以征兵，一定要注意国计民生的问题。要能够做到一令之下，应声而集，才是征兵的最终目的。我们今天来看蒋百里谈到的征兵的几个问题，都很符合当时的情况。如果征兵一味地依靠行政力量，说明人家并不情愿来当兵。而退役之后找不到稳定的工作和生活来源，就会演化成为社会问题，对国、对家都不利，还谈什么打胜仗呢！追根溯源，这里面既有传统因素，也有时代因素。所以蒋百里在《裁兵与国防》这篇文章中，强调要通过裁兵废督，完善民兵制的建设来加强国防自卫能力。

基于这个问题，他设想了一种自卫的策略，那就是应该有这样一支特殊的军队，这支军队因为在一定时期内在一定作战区域内曾经接受过教育而有相对的优势，这支军队就是义务民兵。蒋百里认为民兵制的要旨，"首在教育与军事之调和一致。其在兵卒之教育，则以向来在营中两年间之教育，分配于平常十岁迄二十岁之间，与学校教育夹辅而并进。教育科目中如体操如行军如射击如乘马悉在军人及教育家监督之下任人民自为之……表面上军队之色彩愈薄，而实际上教育之程度愈深，而于国民经济上之负担，乃大可减少，此其一也。其在将校教育主旨，则在使军官富于人生之常识，有独断能力，而不成为一偏狭机械之才……此其二也"。所以，这种制度，"最适于自卫。最不适于侵略"。即使在今天看来，蒋百里的这种观点还是很有道理的。

四、"运用之妙，存乎一心"与军纪

军队打仗，一定要严明纪律，才好指挥。关于军纪带有强制性这一点，人人尽知。但蒋百里认为这还不够，还应该深入一层，考虑自觉执行纪律和自由的问题。在他看来，维护军纪一般有两种方法：一种是靠"外打进"，也就是通过严酷的刑罚来维持纪律，但是这样的情况，执行纪律的官兵是被动的，一旦情况生变，所谓的纪律立即土崩瓦解；还有一种方法是"里向外"，也就是强调军人思想的自觉。一个自觉的爱国者，在祖国危急的时刻，能够立即奔赴战场去勇敢战斗，这纯粹是一种潜意识内的自觉选择，是一种无形的思想自觉，也是战争中最高境界的自由。蒋百里把军纪分析得十分透彻，从一种严刑强制发展为一种自觉遵行的自由纪律，并且把它看作是事关战斗力和战争胜负的一场兵学革命。这种创见，以前从来没有人这样想过，很有实效。在他看来，在未来的抗战中，中国要战胜强敌，必须在无形精神的"存乎一心"方面大做文章，形成人人爱国的氛围，自觉地为抗日流血流汗，这样中华民族才有战胜强敌的可能，才能自立于世界民族之林。

蒋百里在《兵学革命与纪律进化》这篇文章中提到，"运用之妙,存乎一心"是岳飞兵学革命的名言，是在作战经验中得来的，同时又是现代实践的方法。他认为，过去人们把"存乎一心"误解为是存乎于主帅一人之心，而这样的理解方式把这个"一"字看轻了。在他看来，这个"一"字应该作为动词来理解，而不应当作为"心"的形容词来理解。岳飞说，"阵而后战，兵法之常；运用之妙，存乎一心"，这里的"阵"字就是队形。队形的作用，就是在于能够使多数人可以动作一致。因为打起仗来，待队形分散成散兵之后，每个人都必须充分利用有利的地形各自为战，因此队伍也不必一味地追求整齐。真正的"存乎一心"，是说"有纪律的人自为战，在形式上差一点，是无关紧要的，最要紧的是精神的一致，倘精神纪律能够一致，一定可以打胜仗"。书上说过，岳飞是发明中国散兵战的第一人，他十分擅长散战，也就是"人自为战"。不仅我国有这样的人，国外也有这样的主帅，像德国菲列德式的横队战术（散战）和拿破仑擅长的散兵战等都是如此。应该说，蒋百里对于"存乎一心"的解释算得上是合情合理，有他的独到之处。

蒋百里一直认为应该养成一种从内心主动自发的军纪，而谈到如何才能养成这样的军纪时，蒋百里重点强调了军事教育的作用。在他看来，军事教育的主体在于军队。军队在平时就应该把教育当作最重要的一项事业来做。如果懂得了征兵的原理，那么也就应该懂得，"平时之军队，即国民之军事学校也"的重要意义。蒋百里还援引了《日本军队教育令》来强调这个理念，他说："军人者，国民之精华也，故教育之适否，即足以左右乡党里间之风尚，与国

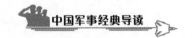

民精神上以伟大之影响。盖在军队所修得之无形上资质，足以改进社会之风潮，而为国民之仪表，挚实刚健之风盛，则国家即由之而兴。故负军队教育之任者，当知造良兵即所以造良民。军队之教育，即所以陶冶国民之模范典型也。"大致意思是说，培养军人形成高尚的精神，同样有助于提升国民的素质。一旦整个国民的素质提升，刚健之风形成了，整个国家的面貌就焕然一新了。从事军事教育的人应该知道，培养优秀的军人就是培养优秀的国民。他又引用了伯卢麦的《战略论》来进一步说明这个理念，"严正之军纪，及真正之军人精神，为军队成功之元素，欲使其活动发达，则必有俟乎强大之干队（即平时之军队），各兵既受熏陶而归家，一旦复入，则即能恢复其昔时之习惯，即新编之军，而求其内部坚实亦甚易，故军人精神，恃多员之干队而始成立者也"。所以他的观点是，搞教育，应该以军队作为唯一的主体。而军事教育的纲领应该有四点：其一，人与武器要一致；其二，兵与兵要一致；其三，军与军要一致；其四，军与国要一致，也就是全军上下要有一以贯之的爱国心。而第二和第三这两个要义就是各国通称的军纪。"军纪者，军队之命脉也。战线亘数十里，地形既殊，境遇亦异，而使有各种任务几百万之军队，依一定之方针，为一致之行动，所谓合万人之心如一心者，则军纪也。"在他看来，达尔文的《物种论》恰恰深得"军纪"二字的要义："有军纪之军队，其较优于野蛮之兵卒者在各兵对于其战友之信任。"他认为充分的信任才是真正的军纪的根源，而万众一心才是军队制胜的法宝。

五、杜黑制空论之战理

杜黑有一句名言："总是武器的威力决定了战争的方式。"这句话的确有它的道理，现代战争的结果更是证实了这一观点的正确性。无怪乎蒋百里在《介绍贝当元帅序杜黑制空论之战理》这篇文章的序言中首先就阐明了"我要郑重介绍这一篇文字……因为这是未来战理，即新战略之曙光"。由此可见，杜黑的制空论对他的思想影响之重大。因为一种新式武器——飞机的出现，把几千年以来的战争概念彻底推翻了。因为飞机这种新式武器可以轻松地超越一切地面障碍，又可以任意攻击地面的武力或者对方的空军，乃至打击整个敌国的资源和必胜信念，所以空军是最好的攻击武力。它的优越性在于其本身的武力优势和利用空间。杜黑的理论其实是要寻求以最大的效率获取战争胜利，而这个效率要向最高级别去寻找，也就是要向国家的综合实力来要效率。

国家武力一般来说有四种：陆军、海军、空军和防空军。这四种军队应该置于一个总司令部的指挥之下，也就是说要由这个总机构按照实际情况来分配他们的职责。这并不是说要让陆、海、空联合行动，而是三者要形成"统一"，即整个作战力量都指向同一个目的，这样才能发挥最大效能。

有了这样一个统一机构的指挥作为前提，几个兵种之间如何实现相互配合呢？杜黑认为，陆军和海军是防御型的，而空军是以攻击为主要任务的（杜黑主张攻击专用空军，对于这一点贝当持怀疑态度），这就是"武力的经济使用"原则的直接应用和延伸。这个统一机构的存在意义，在于使四种武力完成适宜于他们的使命，这就是杜黑原理的结论。

事实上，杜黑的理论是基于当时意大利的实际而专门为意大利设计的制空战理。这种战理是否具有普遍性质呢？还是贝当说得好："他（杜黑）所建的可惊的原理一定可以影响明日的局势，在出发点和方法上是完全正统的，在结论上则是反叛的，不要轻忽地将他看作乌托主义者或梦呓家，或许在将来将他看成为一个先知先觉呢。"这个预判不得不说是先知先觉。

六、论战志之确定

蒋百里认为，现代战争的特征在于战争是各国政治策略相冲突的结果。比如日俄战争，就根源于俄国志在远东的政治策略与日本的实际利益相冲突的结果；而后来的欧洲战争，就是由于德国同样想要获取殖民地，扩展它在世界版图内的势力范围而与英、俄利益相冲突的结果。所以近代的兵学家规定"战争"的概念是："战争者，政略之威力作用，欲屈敌之志，以从我者也。""政者，战之原，敌者，兵之母也，故治兵云者，以必战之志，而策必胜之道者也。"要想确立战争的意志，关键在于精神上不能气馁。国力的强和弱并不是一成

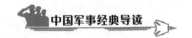

不变的，强者不一定总是强的，而弱者也未必总是弱的。只有在自身的意志不坚定的情况下，才毫无胜算。害怕敌人的人，只要向后退一小步就可以从战场上苟活下来。也正是因为这样，古人用"耻"字来形容这样的人，希望他能够觉醒，继而去战斗。所以"知耻近乎勇""明耻教战"是非常重要的。而对于意志坚定、拥有必胜信念的人，恰恰要时刻提醒他们，绝对不能自满。"知满"再往前进一小步就是"虚矫"了，所以一定要用"惧"字来提醒他。劝诫他"临事而惧"，临近大战之前必须精心谋划，这就是"好谋而成"的意思。所以蒋百里说，"必战者，至刚之志也，必胜者，至虚之心也，二者相反，而实相成"。这就是古今中外兵家的共识，这就是辩证法。在蒋百里看来，练兵是为了胜战，所以凡是能够先明确目标然后才练兵的，兵就强；而凡是先练兵而后被动应战的，兵就弱。这是从"战志"的角度来说的。1806年，普鲁士军队全部瓦解，要求他们拥兵不许超过四万两千人，即使是这样的苛刻条件他们也答应了，看上去屈服于拿破仑，仅剩不多的人苟延残喘。但是他们当时就立下了志向一定会向法国复仇，六年之后终于获得成功（滑铁卢之役），又过了六十年，最终达到了他们的终极目的（普法之役）。在中国，历史上也曾经有过越王勾践卧薪尝胆，像我们经常说的，苦心人天不负，三千越甲可吞吴；有志者事竟成，百二秦关终属楚，这些例子讲的都是战志的重要性。而兵、战、志、政这四者的关系又是怎么样呢？蒋百里认为："兵者，以战为本，战者以政为本，而志则又政之本也。"

总的来说，《国防论》是蒋百里在考察欧洲后对第一次世界大战以来欧美列强在经济、政治、军事、文化等方面的情况总结，同时吸取了西方最新的军事理论和中国古代的军事思想，以阐明他对于中国国防建设的一种构想。他吸取了中国古代的军事思想和西方新的军事理论，着重阐述"生活条件与战斗条件一致则强，相离则弱，相反则亡"的思想，说明"战斗力与经济力是不可分的""国防建设必须与国民经济配合一致""强兵必先理财"的道理，可以说是当前我国大力推行的军民融合国家战略的前身。在书中蒋百里还论述了建军的目的与意义，指出军队的性质是进行战争、实行政略、维持国家生存的工具，"无兵而求战，是为至危，不求战而治兵，其祸尤为不可收拾"。在看到清末编练新军以来，军队被个人占为己有，主要用于军阀割据、而不善于抵御外侮的不良现象，蒋百里强调，要想治理好军队，首先一定要确定好目标，在国家层面要树立必胜之志，寻求必胜之道。他认为世界"新军事的主流是所谓全体战争"，所以个人极力主张应该以义务兵役制来代替募兵制，充分做好人力、物力的动员和组织，全面地建设陆、海、空三军，以适应未来战争的需要。这些建议和设想对于当时中国的国防建设以及随后而来的抗日战争是有积极意义的。蒋百里在世的时候，他的军事理论就被军阀和民国政府的官员们所关注，也给予了高度的评价，但是却没有一个人肯真正把兵权交给这样一个有信仰、有学识的人，蒋百里直到去世也没能看到自己的理论变成现实。

第四节　《国防论》延伸阅读

世界上曾经有两个蒋百里：一个是身为文人的蒋百里，他热爱结社、善写文章；另一个是身为军人的蒋百里，梦想是能够亲手击败整个日本军队。到最后，文人蒋百里逐渐式微，日益蜷缩于军人蒋百里的体内。

蒋百里算是个奇人，但他并不是个"军神"。他的一生在军事理论和教育上颇有成就，他的很多学生都是民国政府的上将。但遗憾的是，他在军事实践上却无所建树。作为一名军人，蒋百里没有亲自指挥过一次战役。不仅在军阀混战中没有建立功勋，即使在抗日战争中，蒋百里也没有展现出特殊的雄才大略，就是小的谋略也未见记载于史册。民间传说的"一个蒋百里两次打败了整个日本"（第一次是在日本军校读书期间以第一名的成绩毕业，第二次是第一个提出了对日持久战理论）这种说法，最多也只是一种国民的精神胜利法。

在他的职业生涯里，他先后被赵尔巽、段祺瑞、袁世凯、黎元洪、吴佩孚、

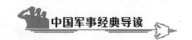

孙传芳、唐生智、蒋介石等先后聘为参谋长或顾问，但他们只是看中他曾经有过多国的留学背景。作为一个军人，他多次充当了高级幕僚的角色，却没有得到过实际的重用，也没有真正执掌过兵权。后人对他的评价只是一个军事学家，而非军事家。《大公报》的主笔王芸生，还有写过《蒋百里评传》的曹聚仁，在评价他的一生时，都审慎地使用了"军事学家"一词。

蒋百里一生不愿参与军阀混战和派系内争这一点，真正表现出名士风流。后期他主要潜心研究了各国在第一次世界大战当中的经验教训，研究战后各国的国防建设、军队建设、军工生产的新情况，为中国的国防建设深谋远虑，很有现实意义。他在军事学领域研究的重要成就有：一是提倡了现代国防，传播了现代国防的理念，他倡导的"国防经济学思想"在军民融合已经上升为国家战略的今天仍然具有极大的研究价值；二是他很早就判断出中日之间必有一战，很早就建议要以日本为假想敌来构建整个国防系统，并且提出了系统的抗日战略理论，这些都为国民党政府制定抗战战略起到了一定的参考作用。蒋百里的《国防论》在海外声名斐然，二战期间，军事名将艾森豪威尔、巴顿等人都曾经多次引用蒋百里《国防论》中的观点来阐述战局。抗日战争全面爆发后，日军也真的按照他的设想，自东向西，前进到湖南，就陷入了中国泥沼式的持久战而不能自拔，直到最后战败。

第五节 《国防论》相关战史

1932 年 2 月 1 日，蒋百里在上海与几位朋友喝茶聊天，其中包括著名记者曹聚仁，在喝茶的过程中他随手翻开了当日的《每日新闻》，看到一则电讯，报道了日本陆军大臣杉山元晋谒天皇的新闻。他当即从这条新闻中敏锐地预测到，日本将向上海增兵。他根据自己对于日本政治运行方式、军事动员能力、军事部门运输能力的了解以及长崎到上海的距离，大致推算出了具体的时间和兵力。果不其然，6 天后日军第九师团抵达了上海。

1937 年 7 月 8 日清晨，卢沟桥事变的消息传到了国民政府的夏都庐山，引起一片争议与恐慌。蒋介石深夜征询蒋百里的意见，问他怎么看日本出兵的事情。他劝慰蒋说："不必担忧，一个歪曲的社会，到了抗战时代，天然的会正直起来。日本的侵略，实际上反而刺激了中国人的爱国精神，反而促成了中国的全民团结，加速了中华民族争取自由、独立的民族解放的进程。""日本是一个缺乏内省能力的性急的民族，他们不可能知道，要屈服一个民族求生存求自由的意志，这在古今中外都是不可能的……对日作战，不论打到什么地步，穷尽输光不要紧，最终底牌就是不要向日本妥协，唯有长期抗战，才能把日本打垮。一言以蔽之，胜也罢，败也罢，就是不要同他讲和！""做好打持久战的准备，要以空间换时间，通过时间的消耗，拖垮日本。"而且他还预见到，假如中日爆发全面战争，日军会轻易地占据沿海和华北地区，中日两国的拉锯战场将会在湖南……

抗日战争全面爆发后，蒋百里还曾经向冯玉祥提出了一个看似与战争无关的建议：多修公路。根据他的判断：日本入华之后，凛冽的攻势不会持续太长时间，双方的战略防御阶段将很快转到战略相持阶段，而在战略相持阶段，交通运输至关重要。我军的装备大多依靠外援，所以日本一定会首先切断我国的国际交通线。他从轮胎这个独特视角详细解释说，我军的交通运输以公路上的汽车运输为主，而我国内地并没有丰富的橡胶资源，因此汽车轮胎只能依靠进口，所以要多修公路，修好公路，这样可以减少轮胎的磨损，也就相当于增强了我军作战的后勤能力，让有限的轮胎发挥更大的作用。而且，我国人口众多，劳力便宜，修路这件事对于我们国家来说，本身就是不难做到的事情。在后来的战争中，这一点得到了现实的印证。日本果然切断了香港补给线和滇越铁路，使中国的外援濒于断绝。滇越铁路作为当时云南唯一的对外运输补给线，成为日军全力破坏的军事目标。为了彻底封锁中国对外交通，实现全面侵华，1939 年 12 月至 1940 年 8 月，日军先后派出飞机 625 架次，对滇越铁路沿线的桥梁、隧道、车站进行全线轰炸，滇越铁路的沿线桥梁成为日军的重点轰炸目标。因为轮胎的匮乏，中国一时无法集中组织一场大规

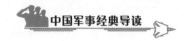

模战役所需的物资运输。而受战争形势所迫，为抢修公路，也可谓是付出了巨大代价，所以民间才会有"一滴橡胶一滴血，一个轮胎一条命"的说法。

图 9-6　被炸毁的小龙潭铁路桥

这三个例子都说明：蒋百里看战争并不局限于战争本身，他会充分考虑与战争相关的各方面因素。这一点或许与蒋百里在各个领域都涉猎广泛有关，也正因为涉猎广泛，让蒋百里对于可能影响战争的各个方面都进行考虑，使得这位"书生将军"在军事战略问题上的见解大多是正确的。

第十讲

《国防新论》

第一节 《国防新论》背景介绍

从 1931 年日军发动九一八事变开始，到 1945 年裕仁天皇宣布日本无条件投降，长达十四年的抗日战争中，日本人大肆侵占我国国土，杀害我国的百姓，不断地抢夺我国的各种资源与资产，这对我国主权来说是一种极大的破坏，使国家变得四分五裂。近代以来，列强的不断入侵使中国的亡国危机始终存在，而日军的侵华战争更是加剧了中华民族亡国灭种的危机。因而，如何巩固国防、抵抗外来侵略，成为众所关心之问题。

《国防新论》是抗日战争时期一部有关近现代国防建设思想的专著，写作于抗日战争最困难的战略相持阶段。当时国际形势极端复杂，纳粹德国以闪电战进攻苏联，占领了许多地区。日本帝国主义发动太平洋战争以后，对抗日民主根据地执行"三光"政策，国民党顽固派掀起三次反共高潮，国统区前方战士流血牺牲，后方达官贵人花天酒地。《国防新论》出版于 1943 年，正是成书于这一复杂时期。

杨杰（1889—1949 年），白族，字耿光，云南大理人。他是以研究国防理论著称的军事理论家，他的军事著作包罗甚广，有上百万字，而且游历甚广，具备世界眼光。除《国防新论》外，还著有《军事与国防》《大军统帅学》和《战争要诀》等，在当时，杨杰与蒋百里并称"北蒋南杨"，他的《国防新论》

---

* 本讲中所涉《国防新论》的原文，皆以 1942 年出版的"抗战建国丛书"收录的《国防新论》为准。

图 10-1 杨杰

是 20 世纪三四十年代中国每一个想成为高级军官的必备读物。

杨杰出生于普通劳动者家庭，父亲为乡村医生，母亲徐氏勤劳简朴。他自幼聪颖、勤奋好学。少年时期的杨杰，思路宽广、思维敏捷，对事物有自己独特的见解。自己家乡的历史文化使杨杰拥有忠诚、爱恨分明的个性特点，尤其是亲眼看到晚清政府在统治上的无能、社会的黑暗，他胸怀救国大志，积极接触维新运动和革命思想。在革命党人的影响下，杨杰心中开始萌发军事救国的想法。1905 年，16 岁的杨杰中学毕业，胸怀远大救国理想的他与同伴步行十多天前往昆明，考取云南陆军速成学堂。就这样，他迈出了军事救国的第一步。1907 年，他以优异的成绩被保送到保定北洋陆军速成学堂学习，这是当时中国最高军事学府。在这里，杨杰接受了正规专业的军事训练，同样以出色的表现，获得了公费赴日本军士官预备学校学习的机会。杨杰非常珍惜这次出国学习的机会，他不忘初心，废寝忘食地学习，两年后考试合格顺利升入日本陆军士官学校第十期炮兵科学习。在日期间，杨杰接触到孙中山的革命思想，他大受鼓舞，于 1910 年加入中国同盟会，坚定了投身革命的信念。

毕业后，杨杰参与了辛亥革命，1915 年还参与了护国讨袁战争，战功卓著，获得了陆军中将的军衔。之后，再次进入日本陆军大学学习。在北伐战争中，杨杰曾担任过国民革命军第六军总参议、军长、南京国民政府军事委员会委员等重要职务。后又担当了国民党中央陆军大学校长，从事军事理论教育。九一八事变后，时任陆军大学校长、古北口方向总指挥的杨杰得到命令开始管理北平（今北京），在长城周围安排防务，旨在击退日军。但最后由于和国民党的不对抗方针没有达成一致而选择离开。

抗战爆发后，杨杰任国民政府特派军事代表团团长，对维护中苏友好关系、获得苏联军事援助付出了许多，为此，杨杰还得到了斯大林授予的勋章。特别是在抗战时期，他目睹日军不断扩大对中国的侵略，加紧军事理论研究，力图变革军事现状，建设强大的国防，以拯救民族危机。抗战胜利后，杨杰反对内战，倾向发展，在共产党统一战线方针的影响下，尤其是周恩来等同志率领下的南方局的关注下，和各种爱国人员主动交流，并投身于爱国民主运动之中。1948 年，中国国民党革命委员会在香港建立，身为其中的一个发起者，杨杰被选为中央执行委员。

次年，不再受命于国民党的杨杰已成为国民党革命委员会西南区域的领导者。他谋划云、贵、川与康四地的有志之士发动武装起义，不料被国民党反动派探知，杨杰只得转入云南，说服卢汉参与起义，又被追捕，最后只得离开内地去香港避难。1949 年 9 月，杨杰于香港被刺身亡。新中国成立后，杨杰被政府追认为革命烈士。

杨杰既有丰富的军事操作经验，又长时间从事军事理论研究与军事教育工作，留下了不少的军事作品，其中有部分作品在当时被视作必读书籍。杨杰根据时代和国家的实际状况，写下多部军事理论著作，提出了相对全面的国防发展规划，对我国近现代国防理论与国防行业的发展发挥了巨大的推动作用。在抗日战略上，他与蒋百里的构画如出一辙，更以敏锐的洞察力预估抗日战争的发展形势，较好地预料了战争的结果。在抗日战争进入相持阶段时，他又及时提出新的战略部署：在中苏边境安排重兵，诱使日军进攻苏联；不惜代价夺回广州，逼迫日本进军南洋，把英美拉入抗日战团，加速日军的覆亡，等等，为抗日战争的胜利做出了不可磨灭的贡献。

第二节 《国防新论》内容介绍

《国防新论》展现了杨杰对祖国的赤子之心、决心与日本持续对抗的信念。对普通百姓来说，《国防新论》不仅是一部经典的国防书籍，还是一部能激发

群众爱国意识的教材。《国防新论》凝结了杨杰将军对世界各国军事史的多年研究，同时融合第二次世界大战与抗日战争的实际情况，完善和发展了以孙中山为代表的资产阶级民主主义国防思想，而派驻社会主义国家苏联的经历和与中国共产党方面的联系交往，又使他接受一些马列主义的战争观，并以此认识国防军事问题，是集近代国防理论之大成之作。从书名中我们可以看得出来，杨杰受到蒋百里《国防论》的影响，所以称为"新论"。由于其强烈的时代效应和智识超前的军事理论，《国防新论》于1943年初出版后半年之内，就再版三次，成为大后方普及国防教育的重要著作，甚至直到新中国成立后，仍有军事院校把《国防新论》作为教材。

《国防新论》共三篇十七章，并附《呈蒋委员长兵工业根本建设之计划》一文。第一篇名为《战争与国防》，是从宏观方面泛论古今中外的国防，偏重于一般理论的介绍，可以说是国防认识论，介绍了国防的概念及现代战争的特点、实质，一针见血地指出中国建设现代国防的重要性；第二篇名为《近代国防的形式及其组织》，从中观层面说明现代国防的形式和组织，可以看作是国防的本体论，主要阐述现代国防的形式和内容，以及各种要素的相互关系；第三篇名为《如何建设中国国防》，主要讲有关国防建设的实际问题，是中国国防建设的方法论，明确指出建设现代国防的发展路径是建立一支优秀的国防军，发展独立的民族工业机制。作者认为，现代战争是"并用战"（整体战），"国防是政治、经济、文化、社会、军事等各种力量的结晶，军事是结晶体的顶点，经济是结晶体的基础"。国防建设必须和政治、经济、文化、社会建设等同时并进。他还认为，当时资本主义即将走向衰落、社会主义开始兴起，是发展现代农业与现代工业的重要阶段。力主根据"时代的特点"和国情，把这"两化"作为国防建设及民族复兴的主要课题，提高国民的军事素养。这种"理想国防"，在当时不可能实现，所以寄希望于未来的"抬头"。此书给出了许多优秀的军事论述，内容相对来说更为具体，文字简单，方便理解。

第三节 《国防新论》阅读指导

《国防新论》一书体现了作者强烈的爱国主义情怀。20 世纪前半期，中华民族位于生死存亡的重要时刻，杨杰身为军事学家，基于爱国主义的角度为保卫祖国、对抗日本而分析国防理论，建立了国防军事学，研制国防军事策略，特别是力图唤起民众关注、学习国防知识、坚持抗日，还以实际行动投入到救亡图存的奋斗之中。强烈的爱国主义思想正是促成《国防新论》出版的根本动力。如他自序中所说："五年来的艰苦抗战，中华民族觉醒了……把全国同胞的希望溶结成一个。"他在三版自序中再次强调："《国防新论》可以说是一本国防科学 ABC。正如班斯所说：'这门课程，首先最要紧的是讲给全体人民听。'先使全体人民认识它，了解它，喜欢它，感觉到迫切需要它，然后再号召全体人民，说国防事业是全体人民的事业，请他们一齐自动地去参加。"

《国防新论》是系统科学的国防理论。在《国防新论》出版之前的《国防论》是蒋百里的经典之作，是中国近代军事学的里程碑式的军事著作，但《国防论》并不是一部严格意义上的逻辑严密的系统专著，更类似于一本论文集。中国军事学的系统化是到杨杰的《国防新论》才初步形成。书中对"国防"一词有了明确的界定，总体来看，整部书在内容上浑然一体，从认识论到本体论再到方法论，结构完整，层次分明，逻辑清晰。分别介绍了基本的国防理论、现代国防的方式与结构，以及怎样发展我国国防的策略，体现了从一般到特殊、从理论到应用的逻辑顺序。

《国防新论》蕴含了独立自主建设现代国防的思想理念。杨杰将军在客观地分析了当时我们国家所面临的形势后提出要自力更生，军需工业更是如此，"我们的军需工业必须在痛苦的民族自卫战争过程中打下基础……获得真正的胜利"。该书在注重独立自主、自力更生的基础上，也主张援助其他国家。同时还指出，独立自主、自力更生地发展国家经济与国防是我们的根本立场，书中的此类思想，对那时进口货受欢迎的社会来说是一种讽刺，却也与闭关锁国方针有着截然的不同。

《国防新论》处处闪烁着辩证思维的智慧光芒。在分析如何根治中国的"时代病"时，作者认为，"我以为两件法宝不可少：一件是天文台上的望远镜，一件是实验室里的显微镜。"而"实行建国大计的时候……'大处着眼，小处着手'，就是科学方法，就是时代精神"。又如书中提出要解决当时中国的国防问题，必须将西方军事学理论的一般性与中国实际情势的特殊性相结合才行，深刻指出，适合生存竞争的需求，是国防的共性；适合自己的需求，是国防的特性。没有共性的国防，就是落后的国防；没有特性的国防，就是随意的国防。再如，在讲国防力量的结晶，即反映国防力量的四种方式时指出，一个国家的发展需要依靠经济、技术、军事与外交，就好似车辆必须依赖四肢而存在一样。若可以将其科学地组装，有针对性地使用，就是安内攘外的法宝"，国防结晶体"四面体的四个顶点、六个边、四个面真是息息相关，相互为用，谁也离不开谁"。

《国防新论》完善发展了全体性国防理论。作者认为，根据第二次世界大战的战争实践，科技在持续发展，机械化程度在日益提升，新式武器的不断问世，战争的要素日益复杂化，国防建设的内容也必然愈加复杂。因此，他提出，既然"战争是全体性的，国防也必然是全体性的；没有全体性的国防，就不能应付全体性的战争"，"全体性战争"怎么理解呢？他在书中写道，"现在的战争，不是兵与兵的战争……这样的战争叫作，全体战争。"全体性国防虽不是《国防新论》的首创，但该书对于构成全体性国防的各要素，赋予了新的更加具体的内容，提出了国防三要素理论，认为："无论哪一个国家，哪一个时代的国防，都具备几种共同的要素：第一是人的要素，第二是物的要素，第三是混合要素。"尤其是特别注重人的要素，提出了"国防人"的概念。指出人在国防发展方面一直都是最关键的要素，将人视为使国家繁荣昌盛的重要力量，人是国家的主体，如果失去了人就不会有国家存在，也就无国防的存在。然而又一分为二地提到，国家中的人和国防所需的人，尽管都是人，但在属性方面有一定的差异，不可仅仅是一个简单的自然人，在该层面上来说人口再多的国家也并非强国。国防所需的人，并非一般人，而是可以带来国防力量的人，应当满足三个标准：首先是身体健康，其次有生产技术，最后是思想科学。

《国防新论》指出，我国必须积极发展国防建设。其中，客观地提到了怎样发展我国的国防问题。作者认为，首先，需结合时代的发展形势、迎合时代，根据现代战争的需求来发展国防。其次，需了解特性，根据我国的国情构建独立自主的国防机制。最后，需明确核心，即建设我国的民族工业，将我国国防建设的基础打牢，从而达成农业大国的工业化与军事化。不仅如此，书中还结合了我国历史发展的各种经验，重点提到了如果想建立优秀的国防事业，就应当有一支优秀的常备国防军，这和国防经济的发展之间是彼此影响的。

第四节 《国防新论》延伸阅读

杨杰将军关于国防战略思想的主要著作，除了《国防新论》，还有《军事与国防》一书。在《军事与国防》一书中，重点提出了建设人民国防的思想，特别指出了这种国防只有在消灭了人剥削人的制度的社会主义国家才可构建，此类国防是最坚固的，如果想构建此类国防，就应当先去除在经济、政治与文化方面的阶级对等。此书将国防思想充分地与社会制度的性质结合起来，这就超越了与他同时代、同阶级的军事思想家们，向着社会主义道路迈进了一步。

第五节 《国防新论》相关战史

杨杰将军是一名军事理论家，同时也是一位出色的军事指挥家。无论是训练军队还是带兵作战，他的表现都堪称一流。

1917 年 8 月，杨杰任靖国军中央军总指挥兼泸州卫戍司令。滇军进驻泸州不久，就受到四川当地军队的打击，泸州没有保住，不断溃败。杨杰进入

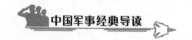

一线安排反攻，川军退回泸州，并加强了长江两岸沿江工事以固守。杨杰借用"草船借箭"之计，混淆川军视听，一举攻克泸州城，转败为胜。

1927年初，杨杰出任国民革命军第十八军军长。南京国民政府建立后，杨杰安排自己的下属参加了龙潭大型会战，解决了孙传芳剩下的势力。蒋介石十分认可杨杰在军事上的能力，该会战后，蒋介石就更为器重杨杰了，并让其正式进入国民政府军界的高层。

1929年12月5日，国民党的第五路军将领唐生智在郑州谋反，蒋介石派杨杰担任第十军军长等职务，拥有与总司令同等的权力，对抗唐生智。杨杰在河南将第五路军打得落花流水，协助蒋介石稳固了自己的政权，接着又担当宁、镇、澄、淞四个地区的司令。

1930年5—10月，我国现代史中最大的一次军阀混战——中原大战兴起。蒋委员长率领军队与阎锡山、冯玉祥等人的联军对抗。在此次战役中，杨杰为蒋介石的总参谋长，为蒋介石提供了各种有利的抗敌方案，屡次将局势转危为安，为蒋介石获得中原大战的胜利贡献了巨大的力量。

1933年，杨杰任军事委员会北平分会参谋长兼华北第八军团总指挥，参加长城抗战，指挥古北口、冷口、喜峰口一带的军事。在居仁堂军事会议上，杨杰极力反对沿长城一字排开、分兵抵抗的部署，提出后退配备的主张，要求大胆放弃一线阵地，将敌引入密云山地，再集合三个军布成口袋阵歼灭日军部队，集中优势兵力围歼日军有生力量，这在当时敌我战力相差悬殊的背景下不失为一种很有效的战法，但却被置之不理。

《超限战》

第一节 《超限战》背景介绍

1991 年，冷战结束与海湾战争，被视为美国在地缘政治和军事上的双重胜利，后者更是向世界宣告美国解锁了"高科技条件下的现代化战争"。"在新一轮军事革命的大门开启之时，仅依靠对以往经典的注释和阐发，无法应因国家安全面对的新威胁"，"军事思想领域需要原创之风的涤荡"。

面对美国这一军事革命的先行者，乔良与王湘穗提出了"超限战"的理论，并于 1999 年在解放军文艺出版社出版《超限战》一书。自然，原创的理念在没有经过现实的验证前，都难免受到质疑。试问，恐怖袭击之类的战术级行动，怎么可能对超级大国造成战略级震撼呢？直到恐怖分子劫持飞机撞向美国双子塔楼，当时的美国总统小布什对全美国民说："这就是战争。"人们才认识到，霸权支撑下的绝对安全并不存在。《超限战》一书中对"本·拉登式的恐怖主义"的深刻分析："他们因行动诡秘而有很强的隐蔽性，因行为极端而造成广泛的伤害，因不加区分地攻击平民而显得异常残忍。这一切又通过现代媒体实时的、连续的、覆盖式的宣传，极大地强化了恐怖效果。与这些人作战，将没有宣战，没有固定战场，没有正面搏杀，大多数情况下不会有硝烟、炮火和流血，但国际社会遭到的破坏和创痛，却丝毫不亚于一场军事性战争。"

---

* 本讲中所涉《超限战》的原文，皆以 1999 年解放军文艺出版社出版的《超限战》为准。

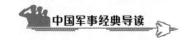

因为不幸言中了"9·11"的悲剧,《超限战》的反响超出预期,引发了各国军界的关注。在世人眼中,这本书的命运已经与"9·11"的悲剧捆绑在了一起。二十多年风云变幻,中美之间的较量进入贸易战、舆论战等各种"非军事战争行动"交织的复杂时期。两位作者也进入新的人生阶段,但是,《超限战》这本书历经再版,正文却一字未改,足以见作者的初衷。见证历史,还原历史,并虔诚地接受历史的检验,而"历史已经证明并还将继续证明,《超限战》是中国人为人类军事思想创新所做出的一次艰苦的努力"。

第二节 《超限战》内容介绍

本书正文的结构十分规整,序论以"海湾战争改变世界"开启,上卷论新战争,下卷论新战法,上下两卷各四章,结语以"全球化时代的超限战"收底。作者认为,全球化时代的战争正在发生着根本性的变化,"由于技术的大量发明和综合运用,非国家组织和国家一道成为战争主体",出现了与传统军事性战争并列的非军事战争,战争的威胁已然超越战场之外。"超限战"就是对这一变化的概括,与之对应的战法也应当更新,那就是"超出某一领域、某一方向的固有界限,在更多的领域和方向上组合机会和手段,以实现既定的目标"的"超限组合战法"。

战争形态改变的一个重要因素源于技术的无理性膨胀,尤其是现代信息技术的出现,一定程度上打破了技术间的壁垒,为各种技术的匹配使用提供了无限可能。"技术的大融合正在不可逆转地导致全球化趋势的上升,而全球化趋势又反过来加速了技术大融合的进程,这便是我们这个时代的基本特征"。这一时代特征投射到战争领域,使战争也开始超越固有的界限和限制。根据斯里普琴科等军事理论家的观点,军事变革与战争的形态往往是以武器来划分的,可以说,武器革命是军事革命的前奏。在作者看来,二战后,单一武器的出现引发军事革命的情况很难重演。在技术大融合与全球化趋势反复纠缠的背景下，"即将到来的军事革命，将不再被一两件单一武器所推动"，而"战争本身正在超出军事范畴，逐渐呈现向其他领域扩张的趋势"。

海湾战争就是高新技术武器集中使用引发军事革命的试验场，种种超越传统界限的组合也可见端倪，如国家间的组合、军兵种力量的组合、战场行动与媒体影响的组合，其中，国家之间因利益组合成"露水"联盟，以联军行动分摊成本；1986 年，美国国会通过《戈德华特—尼克尔森国防部改组法》，兵种权力的重组，这为美军"空地一体战"概念的实践搭建了平台，其中的"空中任务指令"提供了军种间战斗力量组合的新方案；美国国内各媒体一改越战时的批判态度，他们"一致放弃了一向所标榜的中立立场，满怀热情地加入了反伊阵营……使传媒的力量和联军的力量形成了一股对伊进攻的合力"，而那些看似客观的信息渲染，又对战争行为产生了潜移默化的影响。

就像是盲人摸象，美国从海湾战争中发现了什么，又得到了什么？以书中的观点来看，美国军种藩篱尤在，各军种在战后的所得不同，不过，军队内外共同的后遗症是惯性追求人员的"零伤亡"，及其伴生的对武器装备和高新技术的"奢华症"。"要胜利，但不要伤亡"的双重目标导致他们"大量使用昂贵武器，为实现目标和减小伤亡而不计花费"。在技术先进、战法单调、花费巨大的海湾战争的激励之下，美国不惜重金也要保持住高技术方面的领先地位，日益奢侈的武器清单与捉襟见肘的财政预算也难以打破他们对先进技术和武器的迷信。

在作者眼中，美军的战术明显落后于其先进的技术，而军事技术和武器装备上的领先优势，又遮蔽了他们在军事思想和编制体制上明显滞后的事实。军事技术革命是军事革命的第一阶段，"军事革命的最高体现和最终完成只能归结于军事思想的革命，而不可能仅仅停留在军事技术、编制体制这些形而下的层面上"。在新技术条件下，美军中止了"师""旅"编制的存废之争，开启"战斗群"模式，就像搭积木一样，根据战时需要实行任务式编组，又有海空军军种联合组成一体化的"联合特遣部队"，然而，在联合战役概念延展到"全维作战"的层面时，他们停止了探索。就在美军痴迷于武器装备技能的点化时，

种种非军事威胁迫在眉睫。

"对国家安全构成重大威胁的已远不止是敌对势力对本国自然空间的武力侵犯",威胁可能来自一国政治、经济、文化、信息等各个层面的各个方向,如黑客的网络攻击,本·拉登式的传统恐怖主义与高科技的结合,国际金融投机家造成的金融动荡,等等,新恐怖主义迅速崛起(事实上,"9·11 事件"前的世贸中心已经经历过一次恐怖袭击,那是 1993 年 2 月 26 号由拉米兹·约瑟夫发起的一起爆炸事件)。"手段的增多在使武器的作用缩小的同时,也使现代战争的概念获得了放大"。在一场从手段选择到战场范围都极大延展了的战争面前,单凭军事手段将难以取胜,以国防为国家主要安全目标的观念也已经不够。国家需要对涉及国家利益的所有方面通盘考量,尤其在那些无视规则的疯子面前,国界和疆域都已失效,对抗他们也只能突破规则。

《司马法》有云:"兵不杂则不利。"未来战争的战法可以像鸡尾酒一样突破界限、创新组合。作者认为,战史中出现的黄金分割律与战争的胜利存在某种关联,由此,以超组合的思路,正式提出了"偏正超限组合战法",简称"超限组合战"。按照"胜律"的要求,这种新战法可以组合全部战争资源和战争手段,不排除极端手段,"彻底做一回军事上的马基雅维利"。需要注意的是,"超限"并非"无限",而是扩大的"有限",即"超出某一领域、某个方向的固有界限,在更多的领域和方向上组合机会和手段"。这一战法的原理是"在比问题本身更大的范围、调集更多的手段去解决问题",主要表现为超国家组合、超领域组合、超手段组合与超台阶组合。

作者认为,跨国组织等构成的新兴全球力量体系,促使我们进入一个大国政治让位于超国家政治的转型期,过去以国家或政权为主体构成联盟的组合,正在让位于以"国家 + 超国家 + 跨国家 + 非国家"组织的新模式。超领域组合与美军曾经提出的"全维作战"异曲同工,可惜他们的"全维度"依然局限在军事领域,而战争已经开始向其他领域泛化。战争不局限于军事,"战争领域的扩大,是人类活动范围日趋扩大并相互融合的必然结果"。"超领域组合"就是战场的组合,每一个领域都可能和军事领域一样成为未来战争的主导性战场，所以，选择更有利于实现战争目标的那一领域作为主战场才更有利于争取主动权。超手段组合首先要超越的就是手段自身隐含的伦理标准或原则规范。因为，衡量一种手段是不是有效，主要看它是不是最有利于目标的实现，而非是否正当和符合伦理标准。在过往的战史中，战争的烈度是不断累积和升级的。作者从战争的规模和相应战法切入，把战争升级的台阶简化为四个层级，包括：大战对应战策级、战争对应战略级、战役对应战艺级、战斗对应战术级。超台阶组合可以打破这些层级，把战策、战略、战艺、战术任意对接，比方说，可用战略手段配合一次战斗任务，或者用战术手段实现战策级目标。在此基础上，作者还为超限组合战法挖掘了全向度、共时性、有限目标、非均衡、最小耗费、多维协作、全程调控等原则。

第三节 《超限战》阅读指导

《超限战》的价值讨论不可脱离当时的历史背景，作为世界新军事变革的前奏，海湾战争对各国的冲击到今天余波未散。两位作者在当时的冲击之下，能够撕开迷信高技术装备的滤镜，指出美国军事变革的盲点，寻求以弱胜强的方法，实是难能可贵。到今天，书中的观点依然可以帮助那些研究战争的人开阔思路，打破界限，去"设想一下不可设想的事"。在军事对抗明显不利的情况下，寻求军事以外的手段，可能转换不利地位，这与中国古代兵学的"避实击虚"，毛泽东的"你打你的，我打我的"的思想一脉相承。"大量的技术发明，在不断刺激人们对新武器心驰神往的同时，也迅速消解了每一种武器的神奇"，新武器与相应的反制手段出现的间隔似乎也越来越短。因此，与其夸大新概念武器对战场的颠覆性效果，新战争与新战法更需要跨领域的手段组合与错位运用，"武器系统的跨代际组合，是一个蕴含无限创造力的新思路"。阅读本书需要联系技术对人类生活各个维度的影响，保持对战争变化的敏感度，警惕战争之外的不可控因素。至于本书是否窥到了战争的"道"，"只

等未来战争实践来为这本兵书做出印证了"。

《超限战》相关的争论与质疑同样需要被了解。1999 年 8 月，中国社会科学院世界经济与政治研究所召开《超限战》书评会，会后有文章指出，原书在文字上存在某些牵强附会，书中的"制胜法宝黄金分割律"容易引发误导。黄金分割律在艺术上自有其玄妙之处，但在战争艺术上是否暗藏胜利的规律？《超限战》中以战史上一些数字巧合的偶然性，来论证黄金律对战争取胜的意义，尚缺乏论证依据。同时，偏正律和中国古代兵学的"奇正"之法相比，两者的区别并没有在原书中得到令人信服的论述。本书出版后的数十年间，作者也几乎很少在著述中继续论证灵光一闪的偏正律。更多的质疑针对的则是"超限手段"的"无所不用其极"，也就是所谓"军事上的马基雅维利"。

第四节 《超限战》延伸阅读

除《超限战》之外，乔良、王湘穗两位教授还合作了《割裂世纪的战争：朝鲜 1950—1953》和《新战国时代》等作品。乔良在其专著《帝国之弧——抛物线两端的美国与中国》中引用了由王湘穗命名的新词汇"币缘政治"，提到了对金融领域的强烈兴趣，开始观察美元与战争之间的微妙关系。2016年出版的《超限战与反超限战——中国人提出的新战争观美国人如何应对》一书中，反向刊载了美国霍普金斯大学 2006—2009 年"超限战研讨会"的论文选集，可以帮助读者了解美国对"超限战"的研究程度。此外，李德·哈特的《战略论：间接路线》、T. N. 杜普伊的《武器和战争的演变》、马克斯·布特的《战争改变历史——1500 年以来的军事技术、战争及历史进程》等著作都值得精读，这对我们观察技术变革、武器装备与军事艺术的复杂演化，理解未来战争必有助益。

第五节 《超限战》相关战史

根据本书中提出的超限组合战法，"9·11"恐怖袭击事件可以看作是蜂蛋有毒的以弱打强，美国处理伊朗人质事件是一次超手段组合，而在美国反恐战争中，针对本·拉登的猎杀行动可以称得上一个里程碑事件，更是一次超手段与超台阶组合的运用。

2011 年 5 月 2 日，奥巴马在白宫发表声明，宣布"基地组织"的头目本·拉登被美军突袭击毙。定点清除本·拉登的作战行动，原名为"杰罗尼莫"行动，由总统奥巴马指挥，通过严格限制决策层参与人员组成"战时内阁"，由美国特种作战部队海豹突击队第六分队实施。猎杀行动持续 40 分钟，终结了针对本·拉登的十年抓捕。《超限战》中的超台阶组合的思路包括：全向度、共时性、有限目标、无限手段、非均衡、最小耗费、多维协同、全程调控，这些思路在此次行动中均有体现。猎杀本·拉登行动正是用一次战术级的手段达成了战略级的效果，实现了跨台阶作战的广谱性和隐蔽性。

因为恐怖分子行动诡谲难以预测，而单一情报的侦察手段不足，这就需要构建多维情报侦察网络，使不同渠道获得的情报之间进行相互印证和补充，尽可能全向度掌握情报，以 360 度的观察、设计和组合运用一切相关因素。"通盘考虑所有与'这一场'战争有关的因素，在观察战场和潜在战场、设计方案和使用手段、组合一切可动用战争资源时，视野上没有盲区，观念上没有障碍，方位上没有死角。"

美国通过关塔那摩监狱审讯恐怖分子嫌犯，获得了有关本·拉登信使的重要情报。2010 年，美国开始监听信使谢赫·阿布·艾哈迈德，通过海量信息的筛选逐步锁定了他的行踪。美方充分地运用了技术优势，以通信跟踪系统和定位系统，监听锁定声纹和号码，跟踪信使的动向。经过数月的反复筛查和对信使多次停留位置的重复验证，最终，美方把目标范围缩小到巴基斯坦阿伯塔巴德市郊的一处院落。目标住所十分可疑，安全措施过于严密，不安装电话和互联网，垃圾不带出住所而是在院内焚烧。经过长达半年的监视，配

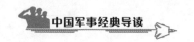

合卫星图像分析，美国中央情报局认为目标住所中藏有"基地组织"中的重要头目，甚至有极大的可能就隐藏着本·拉登本人。

确定目标后，为避免时机流失，保证准确无误地抓获或击毙本·拉登，奥巴马有4项方案可选：以"食肉动物"无人机实施炸弹攻击本·拉登藏身处；以携带2000磅激光制导炸弹的B-52轰炸机实施攻击；与巴基斯坦联合行动；部署地面特种部队。住所中疑似本·拉登的目标人物每天都会在院子里散步，被中情局称为"踱步者"。综合考虑炸弹的杀伤力、本·拉登身份的确认和死亡结果的认证、住所内情报的保存、在巴基斯坦境内轰炸的负面影响，以及可能殃及周边平民等问题，两种直接轰炸的计划都未被采纳。2011年1月27日，中情局承包商雷蒙德·戴维斯因涉嫌谋杀在拉合尔被捕，白宫也据此排除了与巴基斯坦联合行动的方案。奥巴马决定派遣海豹突击队实施特种作战定点清除目标人物。

依靠美国国防部国家地理空间情报局（NGA），综合全球鹰侦察机和地面侦察，美方地理空间情报人员锁定了本·拉登住所院落的围墙，获得物理描述、大体环境、进出路线等数据，分析构建了目标环境的3D模型，并复制了一个作战目标建筑物。海豹突击队从2011年4月起就开始了模拟演练。5月1日，24名突击队员分乘4架隐形直升机，从巴基斯坦西北部的加齐空军基地出发，通过佯动和超低空飞行，规避了巴基斯坦的防空体系，于2日凌晨1时飞抵阿伯塔巴德。其间，有一架直升机发生了故障。1时10分，突击队降落至目标住所，迅速展开行动突击搜索，凭借优势火力和攻击突然性，在1楼击毙了试图反抗的3名男子（包括本·拉登已成年的儿子克里、信差艾哈迈德及其兄弟），同时突入二层和三层，在二层找到并射杀本·拉登，其中，第一枪并未击中要害，第二枪从左眼穿入颅骨，使其当场毙命。

奇袭当天下午，奥巴马与高参们就在白宫的作战指挥中心实时监控着作战行动。美军使用无人机作为通信中继，让突击队员佩戴装有夜视仪和微型摄像机的头盔，使拍摄画面通过卫星传输给远在白宫的高层决策者们。但此时，奥巴马已不能干涉突击队的行动。最终，住所内共有22人被捕，5人被击毙,大量机密文件被搜查。整个行动持续40分钟,突击队无人伤亡。行动结束后,斩获的尸首和情报被运上直升机,返回阿富汗基地。5月2日,美军为本·拉登举行了海葬。

美国前总统小布什曾说过,美国与本·拉登之间有"一场力量极不对称的战争",是一个国家在对战一个人。为了追捕本·拉登,美国早在1996年就专门成立了"亚力克斯情报站",2004年又成立了"联合特种作战司令部",集"情报搜集""直接斩杀""协调作战"于一身。即便如此,本·拉登还是多次逃脱了美国的追杀,先后与三任美国总统周旋了十多年。但最终,小布什的另一句话也在奥巴马时期实现,"不管时间过去多久,正义终将得到伸张"。

美军击毙本·拉登事件被西方列为2011年十大新闻之首。本·拉登之死,标志着美国反恐战争取得了阶段性战果,其国际影响力有所提升,国家安全战略也面临调整。国际恐怖主义组织的全球性网络受到了削弱,但滋生恐怖主义的温床并没有被铲除,全球性恐怖主义趋于本土化、分散化。

《战斗精神论》

第一节 《战斗精神论》背景介绍

作者彭怀东，现为中国人民解放军空军少将。关于战斗精神的研究是一个古老而又崭新的课题。从作者开篇引用的法国哲学家米歇尔·福柯的名言就可以看出，作者始终关注战争的预见性，在意的是并未发生的事情。在前言中他断言："当今世界，还远没有到铸剑为犁的时候。"并且分析认为，战争仍然是政治的继续，战争作为工具和手段仍然是政治家的选择。特别是霸权主义和强权政治的存在，以及它在战略上表现出的侵略性和扩张性，是导致世界不安宁的重要原因。这一观点说明作者写作这本书的出发点，并不仅仅是作为一项单纯的学术研究，而是希望这本书带有一种警世的作用。在前言的末尾，他明确地提出，中国军人应当保持高度的忧患意识、强烈的防范意识和高昂的战斗精神，牢记自身的职责和使命，扎实做好军事斗争准备，努力将我军锻造成为一支不辱使命、坚决打赢未来战争的钢铁之师。

第二节 《战斗精神论》内容介绍

全书围绕战斗精神展开。在第一篇《战斗精神概论》中作者将与战斗精神

---

* 本讲中所涉《战斗精神论》，皆以 2005 年长征出版社出版的《战斗精神论》为准。

相关的内容做了清晰的划分，相当于对本书的内容进行了大致限定，主要围绕以下几个方面进行论述：首先，在概念上明确什么是战斗精神，关于这一点，作者在前言中就给出了明确的定义，战斗精神是指军队建设和打仗的精神力量，它包括振奋的军心士气、勇敢的战斗作风、顽强的对抗意识、强烈的备战观念、自主的武装意识和能动的创造精神。但就全书来看，作者所关注的战斗精神并没有拘泥于单指军队作战人员独具的一种职业精神力量，而是涉及战争力量的一切精神要素，包括民心，包括一切参战人员的精神状态。所以作者在书中还专门给出了对于军人战斗精神的明确定义："战斗精神作为军队总的精神面貌和气质特征的集中体现，是在敌我对抗中动员起来的一切思想、情感、情绪、意志、热情、斗志、决心、信心、作风、气节等精神因素的凝结与升华。"其次，作者还分析了战斗精神的内涵、特点、生成机制等重要内容。值得注意的是，作者专门将现代战争视野中的战斗精神作为一个重要内容加以分析，更加印证了一点，作者关注的是当下战争所体现出来的特点，以及当中蕴含的未来战争的形态，具有强烈的预见性。

从第二篇到第十三篇的内容来看，每一篇都是相互独立的内容，是对第一篇战斗精神概论的详细展开和具体论述。该书内容大致分为两类：一类是会生成战斗精神的相关因素，或者说是与战斗精神生成相关的因素。在作者看来，大概包括心理因素、爱国主义、民心与道义、战争伦理、文化传统、职业伦理、军事艺术等。另一类是战斗精神的作用原理，即战斗精神的攻防。作者认为战斗精神的攻防以心理战为主，论述了心理战的几种主要攻防机制，以及如何建立牢固的心理防线。

第三节 《战斗精神论》阅读指导

从全书可以看出，作者是一名坚定的马克思主义信仰者，一直是在马克思主义的理论指导下观察问题、分析问题。通观全书，作者始终是用马克思主义的方法论在思考，因此很多观点即使是在十几年后的当下仍具有很强的指导意义。

军民融合。作者于本书写作之时就充分认识到军民融合的重要性，并在本书中有所提及。在第二篇中，他指出复仇心理也是战斗精神的一个重要心理基础，并且提出了一个观点：到了近现代，战争更具有了复仇的"全面性"与"神圣性"，尤其表现在战争由传统的"参战人员"的力量投入转变成"参战人口"的情感卷入，这一性质使得士兵与平民之间的区别模糊了。工人、工程师、科学家不再是站在路边向武装部队欢呼的简单旁观者，他们像士兵、水兵和飞行员一样成为军事组织内在的、不可分离的一部分。在第四篇《民心与军心》中，作者也提到，民心和民意是战争中一个极为重要的因素。特别在现代战争中，民心和军心几乎已经成为"一枚硬币的两面"，这枚"硬币"就是战斗精神。并且通过考察当时发生的几场局部战争和军事技术变革的趋势，作者敏锐地判断，现代战争一旦打响，就迅速地将军与民、军队与社会、军事与民事、战场与非战场的界限冲淡，呈现出极大的吸附性和扩散性，整个社会和全体民众都有可能卷入战争之中。作者还通过观察当下社会形势的变化提出了自己的观点，认为如何正确处理好新形势下的军民关系，在相对和平时期无论对军队还是对人民群众都是一个难题。环境和条件的变化，国家工作重心的转移，人民群众对当前和眼前利益的关注，军队平时管理中出现这样那样的问题，军事安全相对经济发展对人民群众影响的间接性，等等，使得军民关系问题复杂化。党的十八大之后，党和国家提出了许多兴国之举、强军之策，做出一系列重要论述和重大决策，当前军民融合发展已上升到国家战略的重要地位。本书成书于21世纪之初，当时中国的经济规模远不如今日，但作者能够预见到军民融合发展于未来中国的重要意义，可谓眼光独到。

美国军队实力优势代际领先。作者观察到世界各国在军队建设上普遍采用"经验归纳法"，即总结平时军队建设的实践和历次战争的经验，得出规律性的东西，上升为理论，用以指导尔后的军队建设实践。而美军更多采用虚拟实践法，创造未来战争的人工合成环境，用未来发展方向引导军队建设实

践。作者认为我们应该学习美军这种超前的训练思想，大量采用虚拟现实技术，创造逼真的战场环境，进行战法论证，再加上各种类型的演习，从而快速提高我军作战能力。这与当前我军训练思路不谋而合。

国家安全形势。本书写作之时，我国的安全环境已经有很大改善，但在许多属于我国的内政问题上，我们仍不时受到西方的无理干涉。国际上的反动势力一直企图制造两个中国，将中国内政问题国际化。我国南海领土和资源继续被强占和掠夺。这是作者在 2004 年做出的判断。时至今日，民进党当局仍然在不断推进"台独"活动，不断煽动民众对大陆的敌意，挑动两岸对立。可以看出，作者在观察事情的时候秉承的马克思主义的观点使其在近 20 年后对于国家安全形势的判断仍然准确。

对战争的预见。中国自抗美援朝之后已几十年未经历大规模的战争，但作者始终认同并抱有与古老格言相同的观点，"作为军人，没有和平时期，只有战争时期和战争准备时期"。唯一需要思考的只是，下一场战争将在何时爆发的问题。作者同时观察到，受相对和平生活环境的影响，部分人对霸权主义和强权政治的危害认识不足，忧患意识和战争观念淡漠，和平麻痹思想滋长，这些对国防和军队建设产生了极为不利的影响。并且反观世界上的大多数国家特别是超级大国美国的各级、各军种的指挥院校，教学内容都是为应对战争和设计战争设定的。时至今日，我们决心要"建设与我国国际地位相称、与国家安全和发展利益相适应的巩固国防和强大军队"，全军上下从实战需要出发从难从严训练，持续纠正训风、演风、考风，树起真打实备的鲜明导向。当前，部队练兵打仗氛围越来越浓，中央军委还印发了《加强实战化军事训练暂行规定》。这种发展的方向与脉络，都是与作者的判断与预见相符合的。

又例如，作者在第九篇《决策、领导者与内部关系》一文中，关注到了美国军方的文职人员这一群体，"文职人员组成的委员会常常从华盛顿对战争进行微观指挥，而这些人对作战指挥几乎一无所知"，作者的原意是为了论述由于决策者能力的缺失造成的严重的不信任会影响战斗精神的生成与保持，但正好切中了当下我军现代化进程中最大的现实。军官职业化是世界各国军队发展的趋势和方向，也是我军现代化建设的发展趋势和未来走向。深化文职人员制度改革，建立统一的文职人员制度是党中央、中央军委着眼实现党在新形势下的强军目标，全面建成世界一流军队做出的重大战略决策。当前，我国的军队文职人员制度已经吸引了更多优秀人才投入国防和军队建设事业，为改革强军、科技兴军提供有力的人才智力支撑。但其中除一小部分由现役转改的文职人员之外，大部分新进入军队的文职人员没有部队服役经验，未经历过长期正规的军事训练及部队的思想政治教育，对于这一特殊人群的战斗精神与政治素养应该如何保障，是一个亟待解决的问题。作者在本书的成书过程中就已经预见到了这个问题。

文化的力量。党的十八大以来，习近平同志在国内外不同场合的活动与讲话中，谈到中国传统文化，表达了自己对传统文化、传统思想价值体系的认同与尊崇，展现了中国政府与人民的精神志气，提振了中华民族的文化自信。在党的二十大报告中也提到，全面建设社会主义现代化国家，必须坚持中国特色社会主义文化发展道路，增强文化自信，围绕举旗帜、聚民心、育新人、兴文化、展形象建设社会主义文化强国，发展面向现代化、面向世界、面向未来的，民族的科学的大众的社会主义文化，激发全民族文化创新创造活力，增强实现中华民族伟大复兴的精神力量。而对于文化的力量，作者在书中亦有论述。他在第六篇《文化与战斗精神》中强调，文化是凝聚人心、振奋精神和激励士气的重要力量，并总结文化对于战斗精神的影响主要表现为政治意识形态、传统文化特别是民族精神以及宗教等意识形态的影响。在分析政治意识形态是战斗精神的基本价值归依的时候，首先明确了马克思主义的基本观点，军队是属于阶级的，军魂意识就是我军战斗精神的基本价值归依。而西方敌对势力极力鼓吹的"军队非党化""军队国家化"意在抹杀军队的政治属性。同时揭露了西方国家从来没有放弃用阶级的政治意识形态来武装自己的军队的真相。还有民族文化，在作者看来，它是战斗精神的文化源头，民族文化的性质决定战斗精神的形成与走向，中国军队的战斗精神是建立在自卫立场之上的理性、智慧的战斗精神，"人不犯我，我不犯人；人若犯我，我

必犯人"。除此之外，作者还注意到宗教这种战斗精神特殊的诱因。究其根源，战斗精神源自文化。

战争与和平的辩证法。习主席曾经多次强调"有文事者，必有武备""能战方能止战，准备打才可能不必打，越不能打越可能挨打，这就是战争与和平的辩证法"，明确了实现"中国梦"必须统筹"文事"与"武备"的战略指导思想。作者在书中持同样观点，提出"能战方能言和"，随着时代的进步与和平力量的增长，防止战争的可能性增大了，通过伐谋伐交和依靠世界和平力量，"不战而屈人之兵"在战略上变得更为现实，防止战争受到更多的重视。但对军队来说，必须不断提高战斗力，增强实战能力，准备打仗，这仍是防止战争、维护和平的最可靠保障。

创新精神。习近平总书记说，创新是一个民族进步的灵魂，是一个国家兴旺发达的不竭动力，也是中华民族最深沉的民族禀赋。在激烈的国际竞争中，唯创新者进，唯创新者强，唯创新者胜。创新精神不仅仅对一个国家十分重要，对于一支军队的战斗精神同样重要。作者专门用第十一篇论述了创新精神对于战斗精神的重要作用。从他的论述可以看出，创新精神本身并不直接创造战斗精神，而是通过提升战斗力，同时起到激发战斗精神的作用。作者认为，创新是军队进步和发展的灵魂，是掌握主动、占据优势、战胜对手的强大动力。他还注意到创新精神不仅仅对市场经济具有重要的提振作用，对于军事领域同样重要，更多地意味着胜利。他通过回顾历史例证的方式证明了自己的观点。无论是胜利之师的自我革新，还是失败之师的涅槃重生，抑或是落后之师的后发式改革，都源自于自我革新的创新精神。

第四节 《战斗精神论》延伸阅读

在论证自己的观点时，作者还引入了文字学的相关知识，研究文字的起源、发展、性质、体系及其形音义关系、正字法以及个别文字的演变情况。通过文字学系统分析汉字的字形和考究字源，以达到说文解字的目的。例如，在论证爱国主义是战斗精神的支柱时，作者从关键字"国"入手，寻找到了这个字在古汉语中的词源，找到了古汉语中"国"字曾经的两种写法，一种是由"国"与"戈"一左一右并列组合而成；另一种是一个大"口"里装一个"或"字。大"口"表示一个国家的领土和疆域，"戈"表示手执武器保卫国家的军人和军队，从文字学角度证实了军队与国家不可分割的紧密联系。从而得出结论，正因为军队与国家有着存亡与共、密不可分的联系，所以在历史上都把热爱祖国、保卫祖国，看成是军人应有的责任和军人行为的最高准则，并以此为度，来评价军人行为的道德水平。

第五节 《战斗精神论》相关战史

喀喇昆仑山是世界山岳冰川最发达的高大山脉，亚洲著名山脉之一，这个名字源自突厥语，意思是"黑色岩山"，这里常年冰雪覆盖、高寒缺氧，被视为人类的"生命禁区"。喀喇昆仑山脉纵贯800余公里，集中分布着印度、塔吉克斯坦、巴基斯坦、阿富汗和中国的边境，在这片山脉之中，有争议的土地面积达到7200平方公里。加勒万河谷位于中印边界西段新疆阿克赛钦西部，是一条细长的峡谷，激流滔滔，乱石嶙峋。中原历代王朝曾牢牢控制着这里，然而到了晚清时期，在签订一个又一个不平等条约后，英国殖民者开始有计划、有步骤地唆使英属印度蚕食我边境地区。中印两国目前有1700多公里的边界线，由尼泊尔和不丹两个独立国家将其分割成了东、中、西三段。在东段，也就是藏南地区，我方主张历史传统线，而印度却依据非法的"麦克马洪线"强占了我国9万多平方公里土地；中段边界线相对较短，但也有约有2000平方公里土地被印度占领；而在西部地区，情况正好相反。按照我国的观点，克什米尔地区的东部也就是拉达克地区，自古以来属于中国领土，后被英属印度强行占领。而印度则依据1847年英国人所谓的"约翰逊线"，

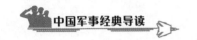

主张拉达克以东的阿克赛钦地区，也就是今天中国新疆和田县南部和西藏自治区的日土县连接地带 3 万多平方公里土地被中国"非法占领"。

在 1962 年中印边境自卫反击战中，我边防部队历时 1 个月，进到"麦克马洪线"以南靠近传统习惯线地区西线部队，击溃侵入该地区的印军第 114 旅所部，清除了印军设在中国境内的所有据点，共毙、俘印军 8700 余人，缴获大量武器装备和物资。但未收复拉达克地区就撤军了，形成了现在的中印两军分界线。从那时起，印度就一直妄图搞所谓的蚕食政策，利用中国不想在边境地区主动挑事和后勤补给的困难，逐步由西向东压缩中国在阿克赛钦的控制区，企图把中国军队挤出加勒万河谷，占据主动。莫迪政府上台之后，推行"大印度民族主义"，把中国视作其头号假想敌，鼓吹靠强硬手段解决边境问题。2019 年 8 月比平·拉瓦特正式就任印度第一任国防参谋长之后，不但鼓吹"大印度民族主义"，而且极度反华，宣称在整体安全考量中，边境冲突、越界以及无端的战术军事行动升级为一场更大规模的冲突是不能被忽视的。在这样的背景之下，守卫在中印边境的边防战士们需要时刻保持高度警惕，防范任何侵犯疆土的敌人。

从 2020 年 4 月开始，印军违反两国协议协定，在加勒万河谷地区持续抵边越线搭建便桥、修建道路，频繁在边境越线争控，试图单方面改变边境管控现状，导致边境局势陡然升温。我国多次就此提出交涉和抗议，但印方反而变本加厉越线滋事。2020 年 5 月 6 日凌晨，印度边防部队乘夜色在加勒万河谷地区越线进入中国领土、构工设障，阻拦我国边防部队正常巡逻，蓄意挑起事端，试图单方面改变边境管控现状。中方边防部队不得不采取必要措施，加强现场应对和边境地区管控。为缓和边境地区局势，中印双方通过军事和外交渠道保持密切沟通，在中方强烈要求下，印方同意并撤出越线人员，拆除越线设施。6 月 6 日，两国边防部队举行军长级会晤，就缓和边境地区局势达成共识。印方承诺不越过加勒万河口巡逻和修建设施，双方通过现地指挥官会晤商定分批撤军事宜。但令人震惊的是，6 月 15 日晚，印军公然违背与我方达成的共识，在加勒万河谷地区局势已经趋缓的情况下，再次跨越实控线蓄意挑衅。按照处理边境事件的惯例和双方之前达成的约定，团长祁发宝本着谈判解决问题的诚意，仅带几名官兵前出交涉，却遭到对方蓄谋已久的暴力攻击。祁发宝组织官兵一边喊话交涉，一边占据有利地形，面对数倍于己的外军，他张开双臂，护住祖国每一寸土地。由于他身先士卒挺立在前，也因此成为印军的重点攻击目标，在前出交涉和激烈斗争中头部遭到重创，血流不止，但他没有后退一步，一直战斗至失去知觉。

图 12-1　喀喇昆仑陈祥榕烈士像

营长陈红军与战士肖思远一起突入重围营救战友并奋力反击，直至英勇牺牲。在战斗最激烈时刻，上等兵杨旭东亲眼看到——面对外军人多势众、咄咄逼人的态势，陈红军一边冲锋一边大声喊："党员干部跟我顶在最前面，义务兵往后靠……"陈祥榕是牺牲在边境最年轻的战士，他曾经在日记中写下一句话：清澈的爱，只为中国。当他的遗体被发现时，还紧紧趴在营长陈红军身上，保持着保护战友的姿势。战士肖思远，先行突围后见战友仍身陷重围，义无反顾返回营救战友，战斗至生命最后一刻；战士王焯冉，入伍后到"进藏先遣英雄连"服役，在执行边境任务前，他给家里写了封信："爸妈，儿子不孝，可能没法给你们养老送终了。如果有来生，我一定还给你们当儿子，好好报答你们。"冲突那天夜里，他和战友渡河增援一线，在第四次蹚河时因为救援被激流冲散的队友，被冻得失去知觉。危急时刻，他将战友推向岸边，留下一句话："你先上，如果我死了，照顾好我老娘……"拼力救助的战友脱险了，他自己却淹没在冰河之中。后来，增援队伍及时赶到，官兵们奋不顾身、

英勇战斗，一举将来犯者击溃驱离。外军溃不成军，抱头逃窜，丢下大量越线和伤亡人员，付出了惨重代价。在这场战斗中，团长顶在最前面阻挡外军，营长救团长、战士救营长、班长救战士……我官兵上下同欲、生死相依，是以少胜多的关键所在。

陈红军、王焯冉、陈祥榕、肖思远这些英雄的边防官兵把青春、鲜血乃至生命留在喀喇昆仑高原，筑起巍峨界碑。中央军委授予祁发宝"卫国戍边英雄团长"荣誉称号，追授陈红军"卫国戍边英雄"称号，给陈祥榕、肖思远、王焯冉追记一等功。